AF267812

HISTORIQUE

DE

L'AFFAIRE DE LA SŒUR SAINT-LÉON

INSTITUTRICE A SAINT-LÉGER-VAUBAN

PAR

D. MARCHAND, notaire à Saint-Léger-Vauban

Membre de la Chambre de discipline des Notaires de l'arrondissement d'Avallon

Maire revoqué

PRIX : UN FRANC

AUXERRE

E. ROBERT, IMPRIMEUR-ÉDITEUR

Rue de Paris, 127

—

1877

HISTORIQUE

DE

L'AFFAIRE DE LA SŒUR SAINT-LÉON

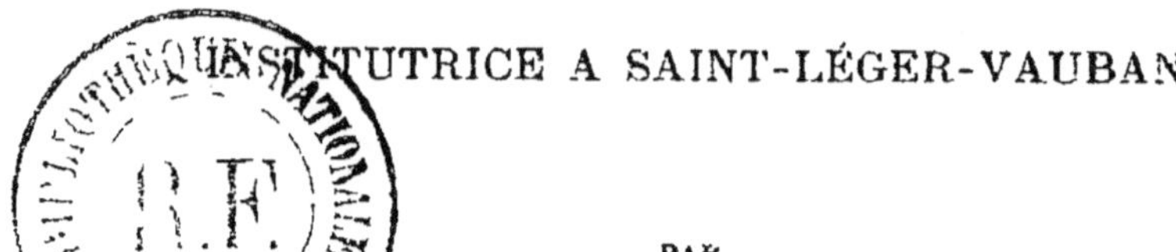

INSTITUTRICE A SAINT-LÉGER-VAUBAN

PAR

D. MARCHAND, notaire à Saint-Léger-Vauban

Membre de la Chambre de discipline des Notaires de l'arrondissement d'Avallon

Maire revoqué

PRIX : UN FRANC

AUXERRE

E ROBERT, IMPRIMEUR-ÉDITEUR

Rue de Paris, 127

—

1877

AVANT-PROPOS

En promettant au public la relation du procès de la Sœur Saint-Léon de la Sainte-Enfance, je ne me suis proposé autre chose que de fournir des matériaux à l'histoire.

Ne faisant plus, pour l'instant, partie de l'Administration, je me crois dégagé de tout scrupule et obligé en conscience de présenter à la face du pays l'ensemble d'une affaire qui n'est rien en elle-même, mais dont les partis se sont emparés pour en faire une affaire monstrueuse et gigantesque.

On ne doit donc pas s'attendre à trouver dans ce Recueil de grandes réflexions sur la moralité des faits qui y sont relatés ; les seules règles que je me sois imposées, c'est la fidélité et l'impartialité dans la narration. Je ferai tous mes efforts pour remplir ces deux conditions, les seules que le public soit raisonnablement en droit d'exiger de moi ; c'est déclarer en même temps d'avance que je ne déguiserai rien, et que ce n'est pas à moi qu'il faudrait s'en prendre si la vérité venait à offenser.

D. MARCHAND.

HISTORIQUE

DE L'AFFAIRE DE LA SŒUR SAINT-LÉON

Saint-Léger-Vauban est une commune de l'arrondissement d'Avallon, située sur le sommet d'une très-haute colline, à 63 kilomètres d'Auxerre, 22 kilomètres d'Avallon et 5 kilomètres de Quarré-les-Tombes.

Cette commune, dont la population est de 1,348 habitants, est la patrie du maréchal Vauban ; elle a vu naitre M. Louis Tripier, docteur en droit et l'auteur des codes Tripier, et a l'insigne honneur de posséder aujourd'hui le monastère de Sainte-Marie de la Pierre-qui-Vire.

C'est dans cette commune du Morvand qu'est venue s'installer au commencement de l'année 1860, comme institutrice libre d'abord, et ensuite comme institutrice communale, Madame Marie Gally, en religion sœur Saint-Léon, de la Sainte-Enfance, dont la maison-mère est à Sainte-Colombe, près Sens, en compagnie de deux autres dames religieuses, parmi lesquelles se trouvait la sœur Sainte-Marie-Magdeleine, sa vénérée et inséparable mère supérieure.

La sœur Saint-Léon est âgée de 39 ans, d'une famille des plus honorables de l'Avallonnais ; elle est bonne, elle est franche et elle était remplie de zèle et de dévouement pour ses chères petites filles qu'elle aimait tant ; aussi comprendra-t-on facilement le mouvement d'indignation qui s'est soulevé contre l'acte odieux d'accusation de cette estimable sœur, et les marques vives de sympathies en sa faveur qui se sont produites de la part des honnêtes gens.

Le 31 janvier 1877, M. Albert Petit, Sous-Inspecteur des Enfants-Assistés de la Seine, en résidence à Avallon, vint me trouver pour me demander des renseignements sur une élève du nom de Henriette Quénault, âgée de 8 ans, soumise à sa surveillance, qui aurait été grièvement brûlée dans la classe communale de Saint-Léger-Vauban, dirigée par la sœur Saint-Léon ; M. Petit était muni d'une lettre de M. le docteur Simon qui lui signalait le fait, et qui lui annonçait que cette affaire faisait beaucoup de bruit et de tapage dans la commune ; comme j'ignorais complètement le fait signalé par M. le docteur Simon, je le déclarai à M. Petit et le priai, pendant qu'il était sur les lieux, de voir les dames religieuses et de prendre lui-même des renseignements, lui promettant que de mon côté j'allais prendre aussi des renseignements pour les lui transmettre ensuite dans le cas où il y aurait utilité ; je me renseignai aussitôt, et j'acquis la certitude que l'affaire dont parlait M. le docteur Simon n'était rien ; aussi le lendemain, jour du tirage à Quarré-les-Tombes, je vis M. le Sous-Préfet et M. l'Inspecteur des écoles, et j'avoue que l'idée ne me vint pas à l'esprit d'en parler à ces Messieurs.

Depuis, il m'a été dit que le jour du tirage à Quarré-les-Tombes, M. le Sous-Préfet avait connaissance des bruits qui circulaient, à la suite du signalement du fait par M. le docteur Simon, et que, tout en me demandant s'il y avait quelque chose de nouveau dans ma commune, se serait bien gardé de me parler de ces bruits ; j'en ai conclu que M. le Sous-Préfet ne voulait pas s'éclairer.

Lettre de M. Petit, sous-inspecteur à Avallon, à M. Marchand, maire de Saint-Léger-Vauban.

« Avallon, le 3 février 1877.

« Monsieur le Maire,

« J'ai eu l'honneur de m'entretenir avec vous, le 30 janvier dernier, d'un fait qui se serait passé à l'école des sœurs de Saint-Léger, où une enfant aurait été assise par punition sur le poêle, et brûlée grièvement. Vous n'avez pu me donner des renseignements au sujet de cette affaire que vous ignoriez, mais vous m'avez annoncé l'intention d'ouvrir une enquête à ce sujet.

« Je reçois aujourd'hui une dépêche de M. le Directeur général de l'Assistance publique qui me demande un rapport détaillé sur le fait dont il s'agit. Je vous serai donc très-obligé, Monsieur le Maire, de vouloir bien ouvrir votre enquête sans retard, et de m'en faire connaître le résultat le plus promptement possible, afin que je puisse le transmettre à M. le Directeur de l'Assistanec publique.

« Agréez, Monsieur le Maire, l'expression de mes sentiments les plus distingués.

« Signé : PETIT. »

En présence de cette lettre, je me disposais à adresser à M. Petit le rapport qu'il sollicitait ; mais je désirais au préalable me renseigner auprès de M. le docteur Simon qui avait signalé une brûlure grave à l'attention de l'administration de l'Assistance publique.

Le 5 février 1877, vers 10 heures du matin, je priai M. le docteur Simon d'entrer chez moi pour me fournir des explications relatives à cette brûlure. M. le docteur Simon ne me paraissait pas très-rassuré, et au moment où j'allais engager la conversation, il me fit cette question : « Vous voulez me parler de l'affaire des religieuses? » Je lui répondis affirmativement, et j'ajoutai que je ne comprenais rien à cette affaire ; M. Simon me parut un instant embarrassé et finit par me dire qu'elle n'était pas bien grave ; j'ai remarqué dès ce moment qu'il avait conscience de sa démarche prématurée près de l'administration de l'Assistance publique ; M. Simon m'ayant annoncé l'arrivée à Saint-Léger-Vauban de M. l'Inspecteur général de l'Assistance publique et de M. Petit pour faire une enquête, je lui ai déclaré que j'étais désolé de ne pouvoir me trouver avec ces messieurs, car j'étais attendu à 11 heures à Sainte-Magnance pour recevoir en ma qualité de notaire, un acte de famille.

Enquête de M. l'Inspecteur général de Paris.

En effet, M. l'Inspecteur de Paris et M. Petit sont arrivés dans la journée à Saint-Léger-Vauban ; ces messieurs sont venus une première fois chez moi, et ne me trouvant pas, ils sont revenus une seconde fois vers 4 heures du soir ; n'étant pas encore de retour, M. l'Inspecteur de Paris jugea néanmoins à propos de voir Mme Marchand pour lui demander quelques renseignements relatifs à la sœur Saint-Léon et à l'enfant soi-disant brûlée ; dans le cours de la conversation, Mme Marchand fit cette demande à M. l'Inspecteur de Paris : « Est-ce qu'elle a beaucoup de mal, cette enfant? » — Elle n'a rien, répondit aussitôt M. l'Inspecteur, elle a bien eu une petite brûlure, insignifiante, mais qui n'est rien. » Au bout de quelques instants, ces messieurs se sont retirés ; Mme Marchand a remarqué que M. l'Inspecteur de Paris avait une excellente opinion de la sœur Saint-Léon, car dans la conversation il a prononcé à son adresse les paroles les plus élogieuses.

Après cette enquête, et ayant la certitude que M. l'Inspecteur de Paris appréciait le fait de la brûlure comme je l'appréciais moi-même, je pensais qu'il n'en serait plus question.

Enquête de M. le Brigadier de gendarmerie de Quarré-les-Tombes.

Le 7 février, c'est-à-dire deux jours après l'enquête de M. l'Inspecteur de Paris, une nouvelle enquête a eu lieu à Saint-Léger-Vauban par M. le brigadier de la gendarmerie de Quarré-les-Tombes, et n'a rien révélé de nouveau contre la sœur Saint-Léon ; je puis même avancer ceci, c'est que le soir de l'enquête, je rencontrai à un kilomètre de Saint-Léger-Vauban, M. le lieutenant de gendarmerie qui me déclara venir de Quarré et ensuite de Saint-Léger-Vauban pour faire faire une enquête par son brigadier ; je lui fis part de mon étonnement de ces enquêtes faites à raison d'une brûlure qui n'était, à n'en pas douter, qu'un prétexte ; aussi ai-je constaté en nous séparant que cet honorable officier ne paraissait pas apporter la moindre importance à cette affaire aussi ridicule que grostesque.

Enquête de M. l'Inspecteur des écoles en ma présence.

Le lendemain 8 février, M. l'Inspecteur primaire d'Avallon me fit demander à la maison d'école ; j'y allai et en ma présence, ce fonctionnaire fit une enquête ; il questionna la sœur Saint-Léon et environ huit ou dix petites filles, des plus âgées.

La sœur Saint-Léon nous a expliqué que les petites filles Quénault et Hénault se disputaient ensemble, qu'après les avoir déjà séparées deux fois, sans pouvoir obtenir du silence, elle les fit venir vers elle près du poêle sur lequel elle était appuyée, pour faire une dictée, et qu'elle les aurait élevées successivement au-dessus du poêle pour leur faire honte, et le temps seulement de leur demander : « Vas-tu être sage ? » et d'obtenir leur réponse ;

Que la petite Quénault aurait pleuré avant d'être élevée au-dessus du poêle, mais qu'après, elle était repartie à sa place sans rien dire ni se plaindre ;

Que le poêle ne pouvait pas brûler, puisque appuyée dessus elle y faisait la dictée et qu'elle avait senti la chaleur du poêle par la pose de sa main ;

Enfin que c'est avec le plus grand étonnement qu'elle avait appris qu'il était question d'enfant brûlée dans sa classe.

Quant aux huit ou dix élèves interrogées, elles ont toutes déclaré dans le sens de la sœur Saint-Léon.

M. l'inspecteur parut s'étonner des bruits qui circulaient, car il s'aperçut vite qu'il n'y avait rien au fond de cette affaire, que certaines personnes voulaient exploiter.

Jusque là j'avais cru devoir ne rien faire, mais en présence de trois enquêtes, je me décidai à intervenir auprès de l'administration pour l'informer de ce qui se passait ; c'est dans ce but que j'écrivis à M. le docteur Royer, de Rouvray, la lettre suivante :

Lettre à M. le docteur Royer.

« Saint-Léger-Vauban, 9 février 1877.

« Monsieur le docteur Royer,

« Une élève des hospices de la Seine, placée par M. Petit d'Avallon chez le sieur Jean Patru de Saint-Léger, vient d'en être retirée pour être placée à Beauvillers chez le sieur Gillot ; il paraîtrait que cette enfant aurait eu une brûlure à la cuisse, et que l'on imputerait le fait à la sœur Saint-Léon, dirigeant la classe communale des filles de Saint-Léger ; comme l'enfant est aujourd'hui sous votre surveillance et que je tiens à éclairer l'administration sur cette affaire, j'ai l'honneur de venir vous prier de vouloir bien me donner, par le retour du porteur, quelques renseignements sur la gravité de la brûlure.

« Je dois faire un rapport à l'administration, vous me préparerez vos renseignements en conséquence, car, pour moi, cette misérable affaire, dont il n'y a pas de quoi fouetter un chat, n'est autre chose qu'une querelle d'Allemand que l'on veut chercher aux religieuses.

« La sœur Saint-Léon est accusée de mettre les enfants
en pénitence sur le poêle ; eh bien, j'ai vérifié le fait ; en
tout temps, il y a du papier, des livres et des registres
sur le poêle ; le dessus du poêle ne peut donc pas brûler ;
si l'enfant a eu sa brûlure en classe, ce dont je doute
encore, elle l'a reçue autour du poêle et non-dessus, le
fait que l'on impute à la sœur Saint-Léon tombe donc de
lui-même.

« Veuillez agréer, Monsieur, etc.

« *Le maire de Saint-Léger-Vauban,*

« Signé : Marchand. »

Réponse de M. le docteur Royer.

« Rouvray, 9 février 1877.

« Monsieur le Maire,

« J'ai vu lundi dernier à Beauvillers l'élève Quénault
Henriette brûlée à Saint-Léger ; j'ai le même jour vu M.
l'Inspecteur de Paris, venu à Saint-Léger pour une enquête à ce sujet, et dans ma conversation avec M. l'Inspecteur je concluais à peu près comme votre lettre
m'indique que vous appréciez le fait. M. l'Inspecteur m'a
demandé un rapport dans ce sens que je lui ai adressé.

« Je déclarais que la brûlure a été très-superficielle puisque arrivée le 17 janvier elle était totalement guérie le 5
février et cela depuis plusieurs jours. Je considère donc
l'accident comme tout-à-fait insignifiant. D'autres renseignements m'ont été donnés depuis et je vous engage à
faire valoir ceci : l'enfant a, dit-on, été brûlée sur le
poêle ; comment se fait-il que la brûlure siége au bas et
en arrière de la cuisse gauche et que la fesse n'a pas été
atteinte ? Comment se fait-il encore que l'autre enfant assise sur le poêle n'a pas été brulée ? Il ressort de l'examen
de l'enfant qu'elle n'a pu absolument pas être brûlée sur
le poêle ; que la brûlure a pu se produire autour du
poêle, par exemple en la montant ou en la descendant,
que la brûlure a été superficielle, a guéri sans grande
suppuration, et qu'il ne reste plus aujourd'hui trace de
l'accident.

« Je considère que dans cette affaire il y a beaucoup de

bruit pour rien et que c'est une querelle absurde dirigée contre les religieuses.

« Veuillez agréer, Monsieur le Maire, etc.,

« Signé : P. ROYER. »

Avec les renseignements certains que je possédais et ceux que M. le docteur Royer venait de me confirmer par écrit, j'adressai à l'honorable Sous-Préfet d'Avallon la lettre que voici :

Lettre à M. le Sous-Préfet d'Avallon.

« Saint-Léger-Vauban, 12 février 1877.

« Monsieur le Sous-Préfet,

« Il y a une douzaine de jours, M. Petit, sous-inspecteur des enfants assistés de la Seine, était venu me demander des renseignements sur une de ces élèves qui aurait été brûlée dans la classe communale des filles de Saint-Léger-Vauban ; comme j'ignorais complétement ce fait qui pourtant était arrivé depuis le 17 janvier, je n'ai pu lui rien fournir ; je le priai alors de voir les dames religieuses, pendant qu'il était sur les lieux, et de prendre des informations, en ajoutant que j'allais moi-même prendre des renseignements pour les lui transmettre ensuite dans le cas où ce serait nécessaire ; il résulte de mes démarches que l'affaire que l'on voulait faire passer pour très-grave n'était quoi..... rien, absolument rien. Je pensais tellement qu'il n'y avait rien à faire que le lendemain de la visite de M. Petit, je vous vis à Quarré et ne vous parlai de rien ; car j'aime à croire que vous ne tenez pas à ce que l'on vous entretienne de futilités et d'un tas de petits détails qui se produisent journellement ici.

« Malgré le peu d'importance qu'aurait dû comporter cette affaire, des personnes malveillantes s'en sont saisies pour faire beaucoup de bruit et de tapage et amener dans cette pauvre commune de nouveaux troubles et de nouvelles dissensions.

« A la suite de deux ou trois enquêtes faites, j'ai demandé de nouveaux renseignements à M. le docteur Royer, médecin-surveillant des enfants assistés de Beauvillers où se trouve aujourd'hui la petite fille atteinte ;

M. Royer m'a retourné la lettre dont je vous adresse la copie ; je partage pleinement son avis.

« Je trouve que l'on se passe trop facilement du maire de Saint-Léger pour différentes choses autrement sérieuses que celle qui nous occupe en ce moment ; à mon prochain passage à la Sous-Préfecture, je vous en entretiendrai de vive voix.

« Agréez, etc.

« *Le Maire de Saint-Léger-Vauban,*

« Signé : MARCHAND. »

Le 17 février, j'allai tout exprès à la Sous-Préfecture pour m'entretenir avec M. le Sous-Préfet de cette grave affaire de Saint-Léger-Vauban, et lui confirmer les renseignements que j'avais eu l'honneur de lui adresser par ma lettre du 12 précédent ; je pensais trouver un fonctionnaire gracieux, aimable, comme un gouvernement honnête peut nous en fournir ; mais quelle déception ! je me trouvai en face d'un sous-préfet bandé, gorgé, surexcité ; malgré cela, je me suis efforcé pendant une demi-heure de faire revenir mon supérieur hiérarchique de sa mauvaise impression ; nouvelle déception ; plus d'explications, plus de renseignements, tout devint inutile ; M. le Sous-Préfet était fixé, il avait un parti pris ; il était convaincu que la sœur était coupable, que le maire avait tort ; aussi, vite un rapport tendant à révocation, suspension, etc.

Prenant congé de M. le Sous-Préfet, j'ai, comme le corbeau, juré, mais un peu tard que l'on ne m'y reprendrait plus.

En sortant de la Sous-Préfecture, je fis la rencontre de M. l'Inspecteur primaire qui me conduisit chez lui ; et après lui avoir fait connaître le résultat de ma démarche, et échangé avec lui quelques mots, il me parla du changement de la sœur Saint-Léon ; je lui ai aussitôt répondu que je n'approuvais pas de pareilles mesures que rien, dans les circonstances actuelles, ne nécessitait ; je lui fis remarquer en outre que la sœur Saint-Léon n'était pas coupable et qu'en agissant ainsi à son égard, c'était la condamner, ce qui serait injuste, j'ajoutai même que je m'y opposerais ; je parlais comme un maire issu du suffrage universel étant en droit de le faire, mais j'oubliais le parti pris de mon Sous-Préfet.

A la suite de ma démarche faite auprès de M. le Sous-Préfet, le journal l'*Yonne* est instruit de l'affaire et insère les articles ci-après :

1ᵉʳ extrait. — Numéro du 20 février 1877.

« On nous écrit, en date du 18 février, d'une commune de l'arrondissement d'Avallon :

« Monsieur le Rédacteur,

« Parmi toutes les nouvelles si complètes et si instructives que nous donne, de tous les points du département, votre estimable journal, nous sommes étonnés de ne trouver aucune mention d'un fait de la plus haute gravité qui s'est passé, il y a plus d'un mois, dans notre commune.

« Il nous parait bien difficile, cependant, que vous ayez pu ignorer ce fait jusqu'à .présent, car on en parle dans tout l'arrondissement, et les autorités en ont été saisies.

« Voici ce qui s'est passé, et je vous l'apprends, si vous ne le savez déjà.

« A l'école de filles de notre commune, une jeune enfant a été victime du châtiment le plus barbare qu'on puisse imaginer. On lui a ordonné, à titre de punition, d'aller s'asseoir sur le poêle de l'école.

« Le poêle contenait du feu et chauffait de plus en plus. La pauvre enfant qui rôtissait n'a pu obtenir, malgré ses larmes, de quitter ce poste de supplice auquel elle restait clouée par la crainte de désobéir.

« Après la classe, elle rentrait à son domicile dans un état affreux ; toute la cuisse gauche était brûlée et profondément ; la cuisse droite était également atteinte, mais moins gravement. L'enfant était dans un état déplorable auquel les médecins appelés à la soigner ne pourront que difficilement remédier.

« Cette pauvre petite appartient à l'administration des Enfants-Assistés de la Seine.

« Je vous certifie, Monsieur le rédacteur, l'exactitude du fait que je vous rapporte, vous laissant le soin de l'apprécier et d'en tirer les conséquences.

« Agréez, etc. »

« En prenant connaissance de la correspondance qu'on vient de lire, nous avons éprouvé une bien pénible émotion. Nous avouons que cette lettre nous cause en même temps un véritable embarras. Si, en effet, nous avons pu etre récemment inquiétés, et même gravement menacés pour la simple relation de ce fait (fait des plus exacts, entendez bien?) qu'une école congréganiste avait émargé irrégulièrement le nom d'une élève absente, et avait ainsi perçu une rétribution qui n'était pas due, on comprend que nous hésitons quelque peu à publier une nouvelle qui causera certainement, dans un certain monde, une impression encore plus désagréable.

« Il ne s'agit plus ici d'une somme de trente ou quarante sous irrégulièrement demandée et perçue ; il s'agit d'un fait qu'il suffit d'énoncer pour le qualifier.

« Nous avons consulté la statistique départementale pour savoir à quel ordre appartenait l'école des filles de la commune en question.

« Nous y trouvons que deux écoles existent dans cette commune, l'une laïque et l'autre congréganiste.

« Dans laquelle des deux s'est passé le fait dont nous parlons ? Nous l'ignorons, notre correspondant ne s'étant pas expliqué à ce sujet.

« Peu nous importe, d'ailleurs. Nous ajouterons même que le défaut de renseignements sur ce point nous met, au contraire, plus à l'aise pour la publication d'une pareille nouvelle. Nous n'imiterons pas, en cela, nos adversaires qui rattachent toutes les plus hautes questions de morale publique et d'humanité à leurs visées personnelles et à leurs intérêts politiques.

« Donc, nous demanderons que la lumière se fasse. Nous dirons même que nous nous étonnons qu'elle ait tant tardé à se produire. Les autorités, nous dit notre correspondant, ont été averties.

« Lesquelles ?

« Si le maire de la commune a été averti — comme cela nous paraît certain, en admettant que le fait soit exact, quelles mesures a-t-il prises ? A qui en a-t-il référé, ainsi que son devoir le plus strict lui commandait de le faire aussitôt.

« Si le Sous-Préfet d'Avallon a été averti, — et il nous paraît difficile d'admettre qu'il ne l'ait pas été immédiatement, — comment se fait-il que, depuis un mois, ce magistrat n'ait pas encore agi ? Nous serions vraiment curieux de savoir de quel ordre peuvent être les considérations qui, en pareille circonstance, ont suspendu et suspendent encore l'intervention administrative.

« Si ce sont des considérations d'ordre... moral, nous n'en félicitons personne, car on sait ce qu'elles valent et à quoi elles mènent. »

2e extrait. — Numéro du jeudi 22 février 1877.

« Qu'on le sache bien !

« Nous avons donné, dans notre dernier numéro, le

récit d'un fait déplorable qui s'est passé dans une école de l'arrondissement d'Avallon.

« Une pauvre petite fille a été victime d'un acte inouï de cruauté.

« L'enfant appartenait, nous le répétons, à l'administration des Enfants-Assistés de la Seine.

« On aura peine à croire que l'émotion indignée que nous a fait éprouver cette nouvelle n'ait pas été partagée par tout le monde.

« Eh bien, non ! il s'est trouvé des gens pour en rire, tandis que d'autres sollicitent l'intervention des gendarmes pour étouffer notre voix !... Avons-nous besoin de nommer la coalition bonaparto-cléricale ?...

« C'est honteux !

« Le *Nouvelliste*, se croyant encore au 2 décembre, cherche autour de lui quelques coupe-jarrets qui nous fassent notre affaire.

« La *Bourgogne* fait de l'esprit comme on l'aimait à l'Œil-de-Bœuf ; l'occasion est belle, ma foi !

« Elle plaisante sur le « befteack humain » qu'on fait rôtir à l'école congréganiste !

« Ah ! c'est qu'il s'agit, paraît-il, d'une école congréganiste ! Ces messieurs nous l'apprennent, et, s'il en est ainsi, nous ne sommes pas fâchés vraiment qu'un fait aussi odieux ne vienne pas ternir la réputation d'honneur, de dévouement et d'humanité si bien méritée par nos écoles laïques.

« Quant aux menaces dirigées contre nous par les feuilles susnommées, elles ne nous inspirent qu'un sentiment : celui du plus profond mépris.

« On nous jette à chaque instant les mots de « parquets » de poursuites », de « condamnations », etc., etc... Nous voudrions bien savoir, tout d'abord, ce que pensent de ces procédés les honorables personnes qui sont atteintes journellement par ces blessantes allusions.

Mais puisqu'on veut à toute force nous amener sur ce terrain, si nous causions un peu à notre tour ? En présence d'un fait qui, nous le répétons, et on ne nous empêchera pas de le crier aussi fort que nous pourrons, entendez-vous, *Bourgogne !!* d'un fait qui est odieux, « déplorable « et de nature « à indigner la conscience publique », en présence de ce fait, quelle a été la conduite des auxiliaires du parquet ? Quelle a été celle des représentants de l'administration des enfants assistés de la Seine ?

« Nous voulons le savoir.

« Ah ! c'est nous, maintenant, que vous demandez à faire poursuivre et à faire condamner !

« Et cela parce que nous avons découvert et divulgué ce que vous avez jusqu'ici espéré de tenir caché !

« Eh bien ! nous verrons ! et on vous attend !

« Et pour le moment, nous allons compléter des renseignements qui ne peuvent manquer de vous intéresser.

« Le fait odieux, déplorable dont il s'agit, s'est passé à Saint-Léger, canton de Quarré-les-Tombes, arrondissement d'Avallon (Yonne), en l'école congréganiste de cette commune, il y a un mois au moins.

« Êtes-vous contents, maintenant ?

« Ce fait était de nature à motiver une enquête publique et des mesures immédiates.

« Où en est l'enquête, où en sont les mesures ?

« Voilà ce que tous les curés, tous les cléricaux et tous les bonapartistes du monde ne nous empêcheront de dire, de publier et de faire savoir à tout le monde.

« Et nous n'avons pas fini !

« Qu'on le sache bien ! »

Après la publication par le journal *l'Yonne* de choses aussi odieuses et inqualifiables, indigné d'une pareille injustice et poussé par le sentiment du devoir, j'adressai à ce journal *l'Yonne*, à la date du 24 février une lettre rectificative des faits, faisant apparaître la vérité sous son véritable jour et dont voici la teneur :

« Saint-Léger-Vauban, le 24 février 1877.

« Monsieur le Rédacteur,

« Ayant pris connaissance de la lettre en date à Saint-Léger-Vauban du 18 février présent mois, publiée par votre journal dans le numéro du mardi 20, et ayant trait à un acte de cruauté dont une institutrice d'une commune de l'arrondissement d'Avallon se serait rendue coupable, je me demandai tout d'abord si cette lettre ne voulait pas faire allusion à une histoire fantastique arrivée récemment dans ma commune ; je me disposais à y répondre ; et bien qu'il y fût question des autorités, du maire, etc., la commune n'y étant pas dénommée, j'ai cru néanmoins devoir m'abstenir.

« Le numéro du 23, de votre journal qui a paru hier, fait la lumière sur l'ensemble de cette affaire ; *la commune étant cette fois dénommée,* j'ai pensé qu'il était de mon devoir, dans l'intérêt de la justice et de la vérité, de vous apporter des explications relatives à la lettre insérée dans le numéro du 20.

« Voici ce qui est arrivé :

« Le 17 janvier dernier, une jeune enfant assistée de la Seine a eu au bas de la cuisse gauche seulement une légère brûlure ; cet accident s'est produit probablement dans la classe communale dirigée par les dames religieuses, autour du poêle et non pas sur le poêle où l'on prétend que l'enfant serait allée s'asseoir par punition ; la dame religieuse a déclaré en effet que le 17 janvier deux petites filles se disputant ensemble (celle qui nous occupe et une autre) auraient été élevées l'une après l'autre sur le poêle pour les montrer à l'attention des autres petites filles plus sages qu'elles, et descendues aussitôt ; ce poêle est très-élevé, et le bas est très-chaud, tandis que le haut ne l'est pas ; il a été constaté que tous les jours, alors qu'il y a du feu dans le poêle, l'institutrice écrit sur ce poêle, y laisse du papier, des livres, cahiers, etc.; ce n'est donc, à mon avis, qu'autour du poêle que l'accident a pu se produire ; il ressort, du reste, des explications d'un docteur en médecine que si la brûlure avait eu lieu sur le poêle, la partie affectée ne siégerait pas là où elle est.

« J'ai dit que la brûlure était légère, ce langage est si vrai que le docteur appelé le *5 février* pour visiter l'enfant, constata que la brûlure avait été très-superficielle et qu'elle était déjà guérie *depuis plusieurs jours.*

« Eh bien ! M. le Rédacteur, voilà l'enfant que l'on a fait rôtir sur le poêle, l'enfant qui est aujourd'hui dans un état déplorable, l'enfant dont les médecins désespèrent.

« En présence de cette situation, je laisse au public impartial le soin d'apprécier la conduite d'une personne qui vient attester à la date du 18 de ce mois qu'une enfant est dans un état déplorable, alors que, depuis plus de 15 jours, cette enfant est très-bien portante.

« A l'égard de l'enfant rôtie à Saint-Léger-Vauban, voilà, M. le Rédacteur, la vérité apparue sous son véritable jour.

« Je vous demanderai maintenant, M. le Rédacteur, la permission de vous donner quelques renseignements de nature à vous éclairer sur ce qui a été fait à la suite des dénonciations de l'acte de cruauté imputé à la dame religieuse de ma commune.

« Du 17 au 31 janvier je n'avais entendu parler de rien,

ledit jour 31 janvier j'eus la visite d'une personne inté-
ressée à l'affaire qui vint me demander des renseignements,
me disant qu'on lui avait annoncé que cette affaire faisait
beaucoup de bruit et de tapage dans la commune, je répondis à cette personne que j'ignorais complétement le fait,
que j'allais prendre des informations et que si la chose
était sérieuse je lui en référerais. Ce jour même, après
quelques démarches, je reconnus que l'affaire était sans
importance, naturellement je ne m'en suis pas préoccupé
le moins du monde, je ne m'en préoccupai tellement pas
que le lendemain, 1ᵉʳ février, je vis M. le Sous-Préfet au
tirage à Quarré-les-Tombes, et je vous avoue que l'idée ne
me vint pas à l'esprit de lui en parler.

« La semaine suivante arrivent à Saint-Léger M. l'Inspecteur des Enfants assistés venu de Paris, M. le Sous-
inspecteur d'Avallon, un docteur en médecine et une
enquête a lieu.

« Quelques jours après interviennent encore M. le Lieutenant de la gendarmerie de l'arrondissement, M. le Brigadier du canton accompagné d'un gendarme; une nouvelle
enquête.

« Ce n'est pas tout, M. l'Inspecteur des écoles primaires
vint à son tour, je suis mandé à la maison d'école, encore
une enquête.

« Je vous déclare, M. le Rédacteur, que ce n'est pas sans
pitié que je vis tant de déplacements de la part de tous ces
messieurs, et constater quoi...... une montagne accouchant
d'une souris.

« En présence du fait ridicule imputé aux religieuses et
des enquêtes qui en ont été la conséquence, j'écrivis à la
date du 12 février à M. le Sous-Préfet d'Avallon pour l'informer de ce qui se passait ; dans ma lettre, je lui disais
franchement que l'affaire que l'on voulait faire passer pour
très-grave n'était rien, absolument rien, et qu'elle était
due à des personnes qui ne cherchent qu'à ramener dans
cette commune les troubles et le désordre.

« Vous désiriez savoir, M. le Rédacteur, ce qui avait été
fait relativement à l'enfant rôtie à Saint-Léger-Vauban ;
vous voilà édifié, n'est-ce pas ? Vous trouverez, j'aime à le
croire, que rien n'a été épargné à cet égard.

« Je ne viens pas me faire le défenseur de la dame religieuse inculpée de cruauté, cette dame n'en a pas besoin,
elle habite Saint-Léger depuis près de vingt ans, elle y est
connue, son passé est là et parlera pour elle, son passé
vous dira que, depuis son séjour dans cette commune, les

enfants lui sont redevables de la bienveillance et des bons soins qu'elle leur a constamment prodigués.

« Pour mon compte personnel, je ne vois dans toute cette affaire qu'une infamie.

« Veuillez agréer, etc.

« *Le Maire de Saint-Léger-Vauban,*

« Signé : MARCHAND. »

Révocation de la sœur Saint-Léon.

Le lendemain 25 février je recevais par la poste une copie d'un arrêté préfectoral, en date du 22 de ce mois, révoquant la sœur Saint-Léon de ses fonctions d'institutrice communale de Saint-Léger-Vauban, ainsi qu'un numéro du journal l'*Yonne* annonçant cette révocation. Cet arrêté est basé sur les considérants suivants :

« Considérant que dame Marie Gally, en religion sœur Saint-Léon, institutrice communale de Saint-Léger-Vauban, a, au mépris des prescriptions réglementaires, infligé une punition corporelle à deux élèves de sa classe, que l'une de ses élèves notamment placée sur le poêle a reçu une forte brûlure constatée par un médecin.

« Arrête, etc. »

Cet arrêté a été pris prématurément ; car il n'a pas été établi le moins du monde que la sœur fût coupable des faits qu'on lui impute.

Pétition de 10 Conseillers municipaux et de 86 Pères ou mères de famille.

La révocation de la sœur Saint-Léon était à peine connue que dix conseillers municipaux et quatre-vingt-six pères ou mères de famille (sans compter ceux qui ne savent signer) sont venus spontanément signer une pétition protestant contre les mesures prises à l'endroit de la sœur Saint-Léon, et réclamer à M. le Préfet sa réintégration.

Voici les termes de cette pétition :

« Saint-Léger-Vauban, 28 février 1877

« Monsieur le Préfet,

« Les soussignés, tous membres du Conseil municipal de la commune de Saint-Léger-Vauban, et pères ou mères des enfants qui ont fréquenté la classe communale, ont l'honneur de vous exprimer leur regret en apprenant que vous venez, par un arrêté, de révoquer la sœur Saint-Léon de ses fonctions d'institutrice communale de Saint-Léger, arrêté basé, parait-il, sur des faits qui vous auraient été dénaturés ;

« La sœur Saint-Léon ne mérite pas les mesures de rigueur prises à son égard, car depuis près de 20 ans qu'elle habite la commune, elle a toujours été très-bonne pour les enfants qu'elle a entourés de soins particuliers ;

« En conséquence, nous vous supplions, Monsieur le Préfet, de vouloir bien rapporter votre arrêté et de nous restituer la sœur Saint-Léon. »

(Suivent les 96 signatures.)

Quant aux deux autres conseillers municipaux qui n'avaient pas signé cette pétition, ils sont venus, lors de l'enquête judiciaire dont je parlerai ci-après, témoigner publiquement en faveur de l'innocence de la sœur Saint-Léon ; pour un pays tant divisé, peut-on avoir de plus belle et de plus sérieuse réfutation à opposer aux mesures de rigueur dont la sœur Saint-Léon a été l'objet.

Suspension du Maire de Saint-Léger-Vauban.

Sur le rapport de M. le Sous-Préfet et à la date du 27 février est intervenu un second arrêté préfectoral me suspendant de mes fonctions de maire pendant deux mois, cet arrêté est basé sur les considérants suivants :

« Attendu que M. Marchand, maire de la commune de Saint-Léger-Vauban, n'a pas avec intention, porté à la connaissance de l'autorité supérieure 1° la faute grave commise dans l'exercice de ses fonctions par l'institutrice communale ; 2° la blessure reçue par la nommée Henriette Quénault, élève des hospices du département de la Seine ;

qu'en outre, dans une lettre injurieuse pour l'administration et par lui rendue publique, il a sciemment dénaturé les faits sus-relatés.

« Arrête, etc. »

Cet arrêté a encore été pris bien prématurément, car il repose sur des considérants qui ne sont pas exacts ni sérieux et tombent d'eux-mêmes ; en effet, il est démontré et établi aujourd'hui :

Que je n'ai eu connaissance de la soi-disant brûlure que le 31 janvier ;

Que M. le Sous-Préfet était au courant de ce qui se passait et qu'il se tenait bien de garde de m'en parler ;

Que les trois enquêtes ont eu lieu du 5 au 8 février et sont venues confirmer que ce que j'avais avancé sur la gravité de la brûlure était exact ;

Que je n'ai rien caché avec intention à l'autorité supérieure, puisque le 12 février, sans que M. le Sous-Préfet me fît demander aucuns renseignements, je lui écrivais pour l'informer de ce qui se passait. et que le 17 j'allais exprès à la sous-préfecture confirmer les renseignements que j'avais adressés par ma lettre du 12 ;

Enfin que ma lettre du 24 février, insérée dans les trois journaux, l'*Yonne*, la *Bourgogne* et le *Nouvelliste* n'avait rien d'injurieux pour l'administration parce qu'elle était écrite sous l'impression des lignes diffamatoires du journal l'*Yonne* et non en raison de la mesure de révocation de la sœur Saint-Léon émanant de M. le Préfet pour lequel je professais le plus grand respect, mesure dont je n'ai eu connaissance que le lendemain 25 ; je n'ai jamais pensé, du reste, qu'il y eût la moindre solidarité entre le journal que l'on appelle l'*Yonne* et.... l'administration.

J'ai donc été odieusement et impitoyablement sacrifié pour avoir dit la vérité et fait la lumière.

Comment M. le Préfet a-t-il pu arriver à prendre ces mesures aussi regrettables ? Il lui a suffi tout simplement d'un certificat erroné et tronqué d'un jeune médecin récemment installé dans notre pays, et d'un avis de M. le Sous-Préfet.

En présence de ces faits, pas de commentaires, le public appréciera.

Communiqué préfectoral.

La révocation de la sœur Saint-Léon ayant été reproduite par le journal *le Nouvelliste* de l'Yonne avec réflexions, M. le Préfet a adressé à ce journal la lettre et le communiqué qui suivent :

« A Monsieur le Rédacteur en chef du journal le *Nouvelliste*,

« Auxerre, le 28 février 1877.

« Monsieur le Rédacteur,

« J'ai l'honneur de vous adresser ci-joint un communiqué que je vous prie d'insérer dans le numéro de ce jour du journal le *Nouvelliste*.

« Recevez, M. le Rédacteur, l'assurance de ma considération très-distinguée.

« *Le Préfet de l'Yonne,*

« Signé : Ch. ROUSSEL. »

« Auxerre, 28 février 1877.

« Le *Nouvelliste*, dans son numéro du 27, contient un article relatif à l'affaire de l'école communale de Saint-Léger, où la vérité des faits se trouve altérée ; ces faits sont établis par une enquête dans laquelle ont été entendues l'institutrice et les enfants de l'école. Il résulte de ce témoignagne et de l'aveu même de l'institutrice que le 17 janvier celle-ci a placé, en punition, sur le poêle, deux petites filles ; l'une d'elles a été protégée par ses vêtements, l'autre a reçu une brûlure certifiée et caractérisée du troisième degré par le médecin qui constatait, huit jours après, une croute longue de 15 à 20 centimètres sur 10 à 12 de large. Après un tel acte d'aberration, l'institutrice ne pouvait continuer d'exercer dans le département. L'administration regrette que les passions politiques se soient emparé (*sic*) d'une affaire de pure discipline scolaire, pour alimenter leur polémique, et que des personnes auxquelles leurs fonctions imposaient le devoir de lui apporter leur concours et de garder la réserve vis-à-vis du public l'aient placée, à cette occasion dans la nécessité de réprimer leur attitude.

« Signé : ROUSSEL. »

Le même communiqué était adressé à la *Bourgogne.*
Il me semble inutile de commenter les termes de ce communiqué, les déclarations que j'ai faites ci-dessus, à la

suite de la relation de ma révocation de maire, doivent suffire.

L'affaire de la sœur Saint-Léon ayant été portée devant la Chambre des députés, le *Nouvelliste* de l'Yonne rapporte le compte-rendu de cette séance et l'appréciation de la presse comme voici :

CHAMBRE DES DÉPUTÉS

Séance du vendredi 2 mars 1877

PRÉSIDENCE DE M. GRÉVY

M. Benjamin Raspail demande à adresser une question à M. le Ministre de la justice sur un acte de cruauté qui aurait été commis dans une école congréganiste et qui serait resté impuni.

M. Benjamin Raspail a la parole.

M. Benjamin Raspail. — Messieurs, d'accord avec M. le Ministre de la justice, je viens porter à la connaissance de la Chambre le fait suivant sur lequel je demande quelques explications à M. le Ministre de la justice. Je lui demande de faire au besoin une enquête le plus tôt possible afin que nous soyons fixés.

Il y a un mois, un journal du département de l'Yonne publiait le récit suivant d'un acte odieux de cruauté qui lui était signalé comme ayant été commis dans une école congréganiste de filles.

Voici le récit :

A l'école des filles de la commune de Saint-Léger-Vauban (Yonne), une jeune enfant a été victime du châtiment le plus barbare qu'on puisse imaginer. On lui a ordonné, pour punition, d'aller s'asseoir sur le poêle de l'école. Le poêle contenait du feu et chauffait de plus en plus. La pauvre enfant qui rôtissait n'a pu obtenir, malgré ses larmes, de quitter ce poste de supplice auquel elle restait clouée par la crainte de désobéir. (Rumeurs ironiques à droite.)

M. Germain Casse. — Cela n'est pas risible du tout, c'est monstrueux !

M. Ducamp. — On ne pourrait rire de pareilles choses que dans l'école de Torquemada !

M. Benjamin Raspail. — Je continue la lecture de l'article :

« Après la classe, elle rentrait à son domicile dans un état affreux : toute la cuisse gauche était brûlée et profondément. La cuisse droite était également atteinte, mais moins gravement. L'enfant était dans un état déplorable auquel les médecins appelés à la soigner ne pourront que difficilement remédier.

« Cette pauvre enfant appartient à l'administration des enfants assistés de la Seine. »

Si je n'avais, Messieurs, trouvé le récit de ce fait que dans les journaux, j'aurais attendu de plus amples détails, et je ne me serais pas risqué à l'apporter à la tribune ; mais voici ce qui me parait entièrement confirmer cet acte de cruauté ; c'est qu'un arrêté préfectoral est venu répondre. Il révoque la demoiselle Gally portant le nom de sœur Saint-Léon dans la congrégation de la Sainte-Enfance, institutrice à Saint-Léger-Vauban « pour avoir infligé une punition corporelle grave à deux enfants. »

M. DUCAMP. — Elle n'a pas d'enfants !

M. BENJAMIN RASPAIL. — Je demande donc à M. le ministre de la justice si, après que M. le Préfet du département de l'Yonne a rempli son devoir, M. le Procureur de la République, de son côté, a cru devoir mettre en accord la loi de la justice avec la loi de l'administration. (Très-bien ! très-bien !)

Dans le cas où il ne serait pas à même de me répondre en ce moment, — et c'est probable, M. le sous-secrétaire d'Etat ne peut connaitre tous les détails qui se passent en France. — Je demande qu'il veuille bien faire une enquête le plus tôt possible sur les faits que je viens d'exposer. (Très-bien ! très-bien !)

M. MÉLINE, sous-secrétaire d'Etat de la justice et des cultes. — Messieurs, je n'ai qu'un mot à répondre à l'honorable M. Raspail.

J'ignorais encore hier le fait qui vient d'être signalé à l'attention et à l'indignation de la Chambre. (Très-bien ! très-bien !) Je l'ai appris ce matin par les journaux et par M. Raspail tout à l'heure.

S'il est vrai, il est odieux et mérite d'être sévèrement réprimé. Mais la Chambre trouvera bon qu'avant de me prononcer, je prescrive une enquête. (Marque générale d'approbation.)

M. DE LA ROCHEFOUCAULT, duc de Bisaccia. — Nous la demandons tous !

M. LE SOUS-SECRETAIRE D'ÉTAT. — Je suis absolument cer-

tain de rencontrer un sentiment unanime dans la Chambre
sur un fait semblable.

M. Charles Lepère. — Mais il y a un certificat de médecin.

M. le Sous-Secrétaire d'État. — L'enquête va être prescrite d'urgence ; et quand les résultats nous en seront par-
venus, la Chambre peut être assurée que le gouvernement
en tirera les conséquences légales, et que la loi sera appliquée dans toute son impartialité. (Très-bien ! très-bien !
Assentiment unanime.)

Ce qui ne dispense pas la sœur Saint-Léon de se croire
diffamée et de poursuivre l'*Yonne !* Le contraire impres-
sionnerait défavorablement.

Appréciations de la presse.

On dément d'une façon formelle l'exactitude des détails
donnés hier par M. Benjamin Raspail à la tribune de la
Chambre des députés au sujet des prétendus mauvais trai-
tements dont aurait été victime une jeune enfant, élève
dans une école primaire congréganiste du département de
l'Yonne.

Le maire de la commune dans laquelle le fait se serait
passé a écrit lui-même, nous assure-t-on, pour réduire à
ses proportions exactes cet événement que la passion poli-
tique a énormément grossi et non moins considérablement
dénaturé.

(La Patrie.)

M. Benjamin Raspail a interpellé M. Méline. M. Benjamin Raspail a lu dans un journal radical de l'Yonne,
qu'une institutrice congréganiste avait brûlé vive une de
ses élèves et que cette institutrice avait été révoquée par le
Préfet. Il trouve avec raison que la punition n'est pas suf-
fisante, et il somme M. Méline de faire un exemple. M. Méline répond que si une petite fille a, en effet, été brûlée vive
par une sœur de charité, la révocation ne suffit pas. Il
s'informera et avisera.

(La Nation.)

La séance a bien fini. M. Benjamin Raspail a adressé
une question au ministre de la justice représenté par son
secrétaire d'État, M. Méline.

M. Benjamin Raspail a lu un article d'un journal de

l'Yonne, racontant que, dans ce département, une enfant, élève d'une école congréganiste, aurait été assise, par punition, sur un poêle rouge.

Elle aurait eu les deux jambes brûlées.

Le procureur de la République a-t-il agi? s'est écrié M. Raspail. Une enquête est nécessaire.

La droite a réclamé cette enquête, et M. Méline a répondu fort correctement :

« Si le fait est vrai, il mérite une punition sévère. Une enquête va être prescrite; quand les résultats en seront connus, la Chambre peut être assurée que le gouvernement en tirera les conséquences légales, et que la loi sera appliquée dans toute son impartialité. »

On ne pouvait pas dire mieux; on ne pouvait pas dire plus.

L'enquête prouvera que la relation du journal radical de l'Yonne est erronée. Le maire a protesté contre la révocation de l'institutrice congréganiste qui a été décidée sommairement par le préfet. L'enquête n'aboutira qu'à un blâme énergique du préfet, si le gouvernement a encore le droit de blâmer un préfet qui est l'âme damnée de M. Lepère.

M. Benjamin Raspail, d'ailleurs, ne s'est pas préoccupé du résultat de l'enquête. Il a voulu faire quelque scandale; il a réussi. Les congréganistes se justifieront ensuite; mais la calomnie aura fait son chemin.

(Le Gaulois).

Ce calembourg me servira de transition (comment? je l'ignore pour parler de la question que M. Raspail a adressée à M. le Garde des sceaux relativement à une petite fille que l'on aurait fait rôtir sur un poêle.

En attendant que l'enquête fasse la lumière sur cette triste affaire qui s'est passée dans la commune de Saint-Léger, le maire de cette localité a écrit une lettre qui dément du tout au tout l'accusation du journal l'Yonne. Ce fonctionnaire prétend qu'elle est le résultat d'une calomnie, que l'institutrice inculpée de cruauté habite Saint-Léger depuis 20 ans et qu'elle y jouit d'une excellente réputation.

(Le Figaro.)

M. Méline, sous-secrétaire d'Etat, en annonçant qu'il allait prescrire d'urgence une enquête, a fait respirer dans nos localités tous les cœurs honnêtes; aussi l'innocente sœur Saint-Léon devait en sortir intacte et les diffamateurs confus et réprouvés.

Pendant que le sous-secrétaire d'Etat annonçait qu'il allait prescrire une enquête, j'adressais au rédacteur du *Nouvelliste* de l'Yonne la lettre ci-après :

« Saint-Léger-Vauban, 5 mars 1877.

« Monsieur le Rédacteur,

« Je maintiens énergiquement les termes de ma lettre du 24 février dernier; ils sont la reproduction exacte de la vérité.

« L'enfant rôtie a eu tout simplement une légère blessure de 2 à 3 centimètres de large sur 9 à 10 de long, tandis que d'après le communiqué préfectoral, le certificat du docteur Simon aurait constaté que la brûlure avait 10 à 12 centimètres de large sur 15 à 20 de long, ce qui établit une exagération de neuf dixièmes environ.

« La brûlure n'a été que du deuxième degré; l'enfant ne s'en est, pour ainsi dire, pas aperçue; elle n'est pas restée cinq minutes sans fréquenter la classe, et c'est..... cette brûlure grave qui a été guérie..... en moins de 15 jours.

« Ces renseignements sont de la plus grande exactitude; le docteur Royer, de Rouvray, aujourd'hui médecin-surveillant de l'enfant (qui a été placée à Beauvillers) a, en ma présence, vendredi dernier, mesuré la place de la brûlure, et m'a laissé un écrit constatant ce que je vous avance.

« Une pétition signée par 10 conseillers municipaux et 86 pères ou mères des enfants qui ont fréquenté la classe communale, a été adressée à M. le Préfet pour réclamer la sœur Saint-Léon et protester contre les mesures prises à son égard.

« Toute la population est indignée.

« Agréez, etc.

« Signé : MARCHAND. »

Pour mieux caractériser la gravité de la brûlure, il faut retenir les déclarations qui m'ont été faites par les père et mère nourriciers de l'enfant-Quénault;

La mère me déclarait : « Ah ! mon Dieu, l'enfant n'avait pas tant de mal que ça, j'ai seulement aperçu le soir une petite rougeur comme mon petit doigt » (et ce doigt d'une femme très-maigre est comme une bonne allumette.)

Le mari, de son côté, me disait : « Ah ! monsieur, peut-

on faire tant de scandale pour si peu de chose, pour une
petite rougeur comme le bout de mon petit doigt. »

Et cette rougeur, est-ce bien une brûlure?

Comme l'a dit M. le docteur Simon : vu les données, on
le croit, on le pense, parce que la mère nourricière et l'enfant l'ont déclaré, et que le mode de pansement l'indi-
quait. » Mais ce n'est pas bien certain, les trois docteurs
reconnaissent que la petite cicatrice pourrait aussi bien se
produire par autre chose que par une brûlure sur le
poêle.

Enfin cette brûlure, si brûlure il y a, où s'est-elle produite? Est-ce en classe? Est-ce ailleurs? C'est ce que personne n'a pu savoir; cent élèves et l'institutrice l'ignorent
encore; c'est un mystère qui, grâce à Dieu, je l'espère, se
révèlera plus tard et finira de confondre les diffamateurs.

Rapport des trois Docteurs.

8 mars 1877.

Nous soussignés, docteurs en médecine, sur la réquisition de M. le Juge d'instruction du tribunal civil d'Avallon,
nous sommes transportés ce jourd'hui à Saint-Léger-Vauban à l'effet d'examiner l'enfant Quénault présumée brûlée
à l'école des sœurs institutrices de ladite commune et pour
répondre aux trois questions posées dans la commission
rogatoire.

*1re question. — Dire la gravité de la brûlure, en préciser
le degré.*

Brûlure des 1er et 2e degrés à la partie postérieure et
moyenne de la cuisse gauche ayant la forme d'un croissant
à concavité tournée en haut, présentant une longueur de
9 à 10 centimètres, transversalement et une largeur de 2
centimètres 1/2. Le Dr Simon, dans son certificat du 25
janvier, c'est-à-dire huit jours après l'accident, a constaté
un pansement ouaté recouvrant la brûlure; les dimensions
indiquées dans son certificat étaient celles du pansement
qu'il n'a pas cru devoir enlever à cause de son adhérence;
les 2e et 3e degrés n'ont donc pu être constatés qu'approxi-
mativement.

*2e question. — Dire les suites de cette brûlure et quelle
en sera la durée.*

La brûlure a mis quinze jours à se guérir : aujourd'hui

elle ne présente plus qu'une rougeur présentant la forme décrite plus haut. L'enfant ne s'est jamais alitée et a toujours fréquenté l'école jusqu'à sa guérison.

3° question. — Comment la brûlure a-t-elle pu se produire d'après l'inspection des lieux, l'état de l'enfant et les explications orales reçues dans l'instruction.

De l'examen du poêle et de la façon dont il a pu être chauffé en notre présence, nous pouvons affirmer que la température de sa partie supérieure peut être assez élevée pour produire la brûlure. Si au moment de la brûlure, le poêle était très chaud, l'enfant n'a dû y rester que quelques instants, quelques secondes par exemple : s'il était moins chaud l'enfant a dû y rester plus longtemps, un espace de temps qui toutefois n'aurait pas dépassé deux à trois minutes.

Il est possible que la main appliquée sur le poêle pendant quelques instants n'ait pas été brûlée, tandis qu'une partie recouverte par les vêtements d'ordinaire ait pû l'être, la peau dans ces parties se trouvant plus fine.

La concavité de la brûlure s'accorde avec la supposition que la brûlure ait pu se produire l'enfant étant assise sur le poêle. Pour expliquer la limitation de la brûlure, nous devons admettre que la partie brûlée s'est trouvée fortuitement non recouverte par les vêtements.

Conclusions. — La brûlure a été légère, n'a occasionné aucune incapacité de travail, ne laissera aucune trace ni infirmité.

En foi de quoi nous avons signé le présent rapport que nous croyons conforme à la vérité.

Signé : Bert, Royer, Simon.

Les médecins font observer que la classification suivie est celle de Dupuytren en six degrés. (1)

Enquête judiciaire à Saint-Léger-Vauban

Le 8 mars 1877, M. le juge d'instruction Perrin, accompagné de M. le Procureur de la République, de M. le lieu-

---

(1) Il est essentiel de remarquer que le jour de l Enquête judiciaire ce poêle a été chauffé pendant trois quarts d'heure, à toute vitesse, et que jamais de l'hiver, il n'avait chauffé de cette façon ; c'est ce qui explique l'idée qu'avec le degré de chaleur ordinaire ce poêle ne peut pas brûler.

tenant de gendarmerie et de M. le commis-greffier, a procédé, par ordre émanant du ministère de la justice, à l'enquête annoncée par M. Méline, sous-secrétaire d'Etat au ministère de la justice.

Douze ou quatorze témoins ont été entendus successivement, et, chose étrange, dans un pays divisé comme l'est Saint-Léger-Vauban, aucun témoin n'a déposé contre la sœur Saint-Léon; tous ont fait son éloge.

De cette enquête, il n'est pas résulté du tout que la sœur Saint-Léon fût coupable des faits qu'on lui imputait; donc pas de commentaires.

Il est avéré cependant aujourd'hui que de l'enquête judiciaire à Saint-Léger-Vauban, M. le docteur Simon racontait à un de ses amis, digne de foi, que le 5 février dernier, M. l'inspecteur général de l'assistance publique, lui avait tenu le langage que voici :

« Mais docteur Simon (en parlant de la brûlure de l'enfant Quénault), êtes vous bien sûr que c'est une brûlure? et que le docteur Simon lui aurait répondu : Je le crois, parce que l'affection a été traitée pour telle, mais je n'en suis pas sûr. »

J'estime que l'on doit être édifié maintenant sur les données du docteur Simon.

Révocation du maire de Saint-Léger-Vauban

Par décret de M. le Président de la République en date du 10 mars 1877, et sur la proposition de M. le Ministre de l'intérieur, j'ai été révoqué de mes fonctions de maire de Saint-Léger-Vauban.

Je ne ferai aucune réflexion sur les mesures de rigueur exercées à mon égard; je me bornerai à faire savoir que par lettres en date du 16 mars suivant adressées à M. le maréchal de Mac-Mahon et à Son Excellence M. le Ministre de l'intérieur, j'ai protesté de toutes les forces de mon âme contre ces mesures de rigueurs et contre celles exercées à l'endroit de la sœur Saint-Léon ; j'attends avec confiance justice se faire.

L'*Yonne*, dans son numéro du samedi 7 avril, rapporte comme voici la séance du Conseil municipal de Paris :

Conseil municipal de Paris

PRÉSIDENCE DE M. BONNET-DUVERDIER

Séance du 5 avril 1877.

La séance est ouverte à deux heures et demie.

Affaires diverses. — La sœur Saint-Léon.

M. Sigismond Lacroix a la parole pour poser une question à M. le préfet de la Seine, après avoir obtenu son assentiment.

M. Lacroix rappelle que des sévices ont été exercés par la sœur Saint-Léon, institutrice du village de Saint-Léger-Vauban (Yonne), sur deux petites filles, dont l'une est une enfant assistée du département de la Seine. Ces deux enfants ont été placées, par cette institutrice, sur un poêle allumé, et il en est résulté des blessures graves. Un procès a été intenté contre l'institutrice dont il s'agit devant le tribunal d'Avallon.

M. Lacroix demande si l'administration n'entend pas intervenir comme partie civile au procès; cette intervention lui paraît d'autant plus nécessaire que le parquet n'a agi que sur l'injonction du garde des sceaux et que l'enfant assistée ne peut être représentée au procès que par l'administration pour revendiquer les dédommagements légitimement dus.

M. le préfet de la Seine rappelle que le service des Enfants-Assistés étant un service départemental, n'est pas placé sous le contrôle du Conseil municipal; néanmoins, comme il s'agit d'un enfant de Paris, M. le préfet est tout disposé à donner au Conseil les renseignements qu'il a recueillis.

Selon M. le préfet, il résulte d'un rapport d'un inspecteur et des certificats des médecins que la blessure a été très-légère et ne laissera aucune trace. Quant à la cause de l'accident, il résulte encore des susdits documents que les enfants dont il s'agit ayant troublé la classe par une dispute, la sœur, pour les humilier, par une sorte d'exposition, les fit venir et les plaça sur le poêle où elle avait pu poser la main quelques instants auparavant. La brûlure serait donc involontaire. Dans ces circonstances, M. le préfet ne croit pas qu'il y ait lieu de réclamer des dommages-intérêts.

Après quelques observations de MM. Lacroix, le préfet de la Seine et Delatre, l'incident est clos. »

Ai-je besoin encore ici de commenter sur cette séance. M. le préfet de la Seine a eu une attitude qui mérite des éloges, il a eu conscience de l'injustice commise à l'endroit de la sœur Saint-Léon, il a eu le courage de le déclarer ; honneur donc à ce digne fonctionnaire !

Que reste-t-il de la séance du conseil municipal de Paris ? Une chose, que la sœur Saint-Léon était innocente.

Renvoi de la sœur Saint-Léon devant le tribunal correctionnel d'Avallon (Yonne).

L'enquête judiciaire étant parvenue au parquet de M. le Procureur général, puis au ministère de la justice, M ·le marquis de La Rochejacquelein, député de la droite, interpella à plusieurs reprises le gouvernement pour qu'il eût à s'expliquer sur l'affaire de la sœur Saint-Léon ; mais au moment où la Chambre allait se séparer, M. le ministre de la justice déclara à M. le marquis de la Rochejacquelein que la sœur Saint-Léon allait être renvoyée devant le tribunal correctionnel d'Avallon pour blessure par imprudence ; l'interpellation de M. le marquis a donc été ajournée.

L'*Yonne*, non satisfaite de la conduite de M. le Préfet de la Seine lors de la séance du Conseil municipal de Paris du 5 avril, se crut autorisée à inventer des *fac-simile* des soi-disant brûlures des enfants Hénault et Quénault, et de les produire dans le numéro du 10 avril 1877 de son journal, sous cette rubrique :

« *A M. le Préfet de la Seine.*

« Et aussi à MM. les curés, desservants, sacristains, etc., etc., à saint Ordre-Moral, aux doux anges de la faction bonapartiste, à toutes les âmes candides et pures qui ne peuvent croire à la perversité humaine, aux braves et honnêtes gens qui, faute de renseignements, par bonté de cœur et esprit de charité nous traitent de menteurs, d'imposteurs, de calomniateurs, etc., etc., uniquement pour l'amour de Dieu et la protection des petits enfants :

« Nous dédions les deux documents qui suivent :

**« 1° Fac-simile de la blessure de la jeune Henriette Quénault,
enfant assistée de la Seine.**

(Ce fac-simile est représenté en noir sur le journal).

« Nota. — Cette enfant a été placée, à titre de seconde
et suprême punition, par la supérieure de l'école de Saint-
Léger-Vauban, sur un poêle en fonte qui chauffait la
classe.

« Brûlure profonde de la cuisse gauche ; traitement d'au
moins quinze jours avant la guérison, avec suppuration de
la plaie. De plus, sur tout le siége, éruption de furoncles
concomitante, résultant, sans aucun doute, du surchauffe-
ment des parties et des pansements défectueux.

« Ainsi qu'on le voit, par le dessin ci-dessus, la brûlure
présente la forme circulaire. L'enfant assise sur le poêle, et
se sentant brûler, penchait naturellement le corps en
avant, soulevant autant que possible et cherchant à dégager
l'une des cuisses, tandis que l'autre appuyée, et portant
d'aplomb sur le rebord circulaire du poêle brûlait.

« Les échancrures et irrégularités que présente la blessure proviennent des mouvements de l'enfant pendant son
séjour sur la plaque brûlante.

« Le dessin représente la cicatrice violacée et les traces
de la brûlure, telles qu'on a pu les relever cinquante jours
après que la blessure a été faite.

**« 2° Fac-simile de la blessure de la jeune Victorine Hénault,
de Saint-Léger-Vauban.**

(Ce fac-simile est également représenté en noir sur le journal).

« Nota. — Cette enfant a été placée sur le poêle dans
les mêmes conditions que la première. Contrairement à
celle-ci, mais par un mouvement également instinctif qui la
portait à dégager la plus grande partie possible de son
corps, elle aura évité le contact du rebord du poêle en se
rejetant en arrière. C'est ce qui explique que les cicatrices
présentent non plus le rebord uni du poêle, mais les losan-
ges et les dessins à jour du milieu.

« Les traces laissées par la brûlure sont reproduites plus
haut telles qu'on a pu les observer et les relever soixante-

dix jours après la blessure faite. Les deux enfants sont âgées de 7 à 8 ans.

« Voilà ce que les bonapartistes et cléricaux appellent : « rien, absolument rien. » Voilà ce que M. le préfet de la Seine, éprouvant le besoin de perdre une belle occasion de se taire, appelle « brûlure légère, insignifiante, et ne laissant aucune trace. »

« C'est égal : c'est tout de même dur à convaincre, des jésuites ! Mais, cette fois, espérons-le, ça y est ! »

Le fac-simile de la soi-disant brûlure de la jeune Quénault vu sur le papier est aussi exagéré que le certificat donné par M. le docteur Simon.

Quant à celui de la soi-disant brûlure également de la jeune Victorine Hénault, il est complètement faux et de pure invention ; cette enfant a été visitée par un docteur en médecine en ma présence, et j'affirme qu'elle n'a rien qui ressemble au fac-simile de l'*Yonne*, la jeune Hénault questionnée pour savoir si elle avait été brûlée a déclaré à moi et à bien d'autres qu'elle n'avait rien senti.

Tribunal correctionnel d'Avallon.

Nous ne croyons pouvoir mieux faire ici que d'emprunter au journal *la Bourgogne* l'exposé de l'audience avec les considérations de son rédacteur en chef, M. E. Robert, qui la précèdent et la suivent.

Auxerre, mercredi, 18 avril 1877.

Le Tribunal correctionnel d'Avallon a rendu mardi soir, 17 avril 1877, le jugement dont la teneur suit :

« Le Tribunal après en avoir délibéré,

Attendu que s'il est constant que Marie Gally, en religion sœur Saint-Léon, a placé successivement, le 17 janvier dernier, pendant un instant, Henriette Quénault et Victorine Hénault, ses élèves, sur le poêle de sa classe ;

Qu'il résulte de l'instruction et des débats que Victorine Hénault n'a éprouvé aucune douleur, n'a poussé aucun cri, que Henriette Quénault, qui criait et pleurait avant d'être soulevée sur le poèle, a cessé ses cris dès qu'elle a été descendue, qu'elle a regagné sa place sans proférer aucune plainte ;

Attendu qu'un des principaux caractères de la brûlure est une douleur aiguë, cuisante, d'une durée d'une heure au moins, que cette douleur proportionnée à l'étendue de la surface que présente la brûlure, se fait sentir vivement, surtout dans les brûlures au 1er et au 2me degrés ;

Qu'il est inadmissible, vu l'absence d'une manifestation de douleur, que la blessure dont Henriette Quénault porte la trace et que les marques constatées sur la cuisse droite de Victorine Hénault, soient le résultat de l'apposition de ces enfants sur le poèle et de brûlures dont la sœur aurait été l'auteur ;

Que les contradictions dans les diverses déclarations de la jeune Quénault, son allégation de s'être brûlée sur une chaufferette ne permettent pas d'ajouter une foi entière à son témoignage, qui n'est corroboré ni par des preuves, ni par des constatations immédiates ;

Attendu que LA PREUVE DU DÉLIT NE RÉSULTE NI DE L'INSTRUCTION NI DES DÉBATS, QU'IL EST IMPOSSIBLE DE RATTACHER LES BLESSURES A UNE FAUTE QUELCONQUE COMMISE PAR LA SŒUR SAINT-LÉON, RENVOIE CELLE-CI DES FINS DE LA PLAINTE, SANS DÉPENS.

Voilà donc le dénouement de cette ignoble comédie qui a fait pendant deux mois les délices de tous les radicaux, francs-maçons et impies de France et de Navarre !...

La voix de l'impartiale Justice qui plane au-dessus de toutes les haines et de toutes les passions, proclame hautement l'innocence de cette institutrice qui porte l'habit de l'abnégation et du dévouement et qu'on a voulu flétrir honteusement, qu'on a abreuvée d'odieuses calomnies !

Que deviennent maintenant, en face de cet arrêt de la Justice, les ROTIES de l'*Yonne*, la MARTYRE de la *Constitution*, l'*indignation* d'un Raspail en plein Parlement, les *rigueurs inqualifiables* sollicitées par le sous-préfet d'Avallon, *les exigences démocratiques* du citoyen Sigismond Lacroix manifestées au conseil général de la Seine ?

L'iniquité tôt ou tard est écrasée par la Justice qui, devant Dieu et devant les hommes finit toujours par faire triompher la vérité ! Il faut avoir assisté à ces débats pleins de révélations écœurantes, il faut avoir senti le frémissement de l'indignation circuler comme une étincelle électrique dans l'âme des auditeurs entassés dans le prétoire, il faut avoir vu cette explosion de satisfaction, de joie partie du cœur de la foule émue par tant de haines ; il faut avoir entendu ce profond soupir de soulagement pour toutes les consciences honnêtes, quand la voix de la Justice a balayé toutes les perfides accusations pour comprendre quels sentiments d'indignation avaient engendré d'ineptes calomnies et quel profond intérêt offrait aux esprits droits et aux cœurs honnêtes, l'innocente victime bafouée, villipendée, accusée d'avoir rôti et martyrisé ces deux petites créatures dont le premier mouvement, en entendant justifier leur douce maîtresse, a été de se jeter dans ses bras en pleurant de joie et d'amour !

Pauvres enfants ! Elles ne savent pas le bien qu'elles ont fait au cœur de cette digne femme, de cette vertueuse religieuse dont on avait voulu flétrir le caractère et l'honneur !

Dieu merci ! Justice est faite : justice sera faite encore : car tout n'est pas fini et si l'innocence est justifiée, la calomnie devra s'incliner à son tour devant la vérité !

Nous avons été assez accusés, à propos de cette triste affaire, de mensonge, d'hypocrisie, que sais-je encore ? par l'*Yonne* et ses commères, pour que nous souhaitions que les masques soient arrachés et que tous, amis, adversaires, ennemis voient bien quels sont les fronts stigmatisés par l'effronterie, l'impudence, le mensonge et l'hypocrisie !

Nous avons été à la peine, il sera juste que nous soyons à l'honneur !

Nous demanderons toute la bienveillante indulgence de nos lecteurs, avant de leur esquisser, à l'aide de notes incomplètes et de notre mémoire, les débats de cette longue et pénible séance qui mérite un examen attentif.

La salle du Tribunal

Ce n'est qu'à grand'peine qu'on pouvait se faire un passage dans le vestibule à travers les flots pressés du public, pour parvenir jusque dans la salle du tribunal.

L'honorable M. Dodoz, président du tribunal avait à sa droite M. le juge Deltheil, à sa gauche M. Perrin, juge d'instruction.

Le ministère public était représenté par M. Geoffret, procureur de la République. Mᵉ Rémacle, du barreau d'Auxerre, était au banc de la défense : à ses côtés, M. l'abbé Gally, curé de Saint-Martin d'Avallon, oncle de la prévenue.

Derrière le bureau de la magistrature et sur le banc du côté droit, nous avons remarqué M. Raudot, ancien député, M. Garnier, député, M. Alloury, M. de Breuze, procureur de Châlons-sur-Marne, M. Houdaille, conseiller à la cour de Nancy, M. Houdaille, juge de paix à Nancy, M. de la Giraudière, commandant de gendarmerie du département, M. Faulquier, ancien juge, M. de Hertoz, commandant de l'armée territoriale, M. de Pomblain, M. de la Brosse, M. de Lezardière, M. de Vaulgrenant, MM. les docteurs Breuillard et Gagniard, M. de Bogard, etc., etc.

Sur le côté gauche, se trouvaient les dames de la belle société avallonnaise qui témoignaient par leur empressement à braver les fatigues d'une longue séance, l'intérêt et l'estime qu'elles portaient à une femme indignement traitée par les galants chevaliers de notre presse radicale.

Devant, le bureau occupé par les rédacteurs de la presse départementale et quatre ou cinq de nos confrères de la presse parisienne. Le *XIX° Siècle*, intéressé tout particulièrement dans l'affaire?..... était représenté.

En face le tribunal, l'espace réservé au public. Les témoins occupaient le milieu de la salle.

On a été unanime à remarquer le tact et la bienveillante attention qui avaient présidé à la disposition des places, malgré l'empressement extraordinaire du public.

A midi et quelques minutes, l'affaire de Saint-Léger-Vauban commençait.

AUDITION DE LA PRÉVENUE ET DES TÉMOINS

La sœur Saint-Léon comparaît à la barre. Lecture est faite par M. Bresnot, greffier du tribunal, de l'instruction judiciaire. L'interrogatoire commence.

M. le Président procède à l'interrogatoire de la sœur, qui déclare se nommer Marie-Françoise GALLY, en religion sœur SAINT-LÉON, âgée de 39 ans, née à Avallon, ayant demeuré à Saint-Léger-Vauban et habitant actuellement Sens.

D. — Vous êtes prévenue d'avoir, le 17 janvier dernier, commis des blessures par imprudence, inattention, négligence ou inobservation des règlements sur deux enfants qui vous étaient confiés pour les instruire ; veuillez raconter au tribunal ce qui s'est passé ?

R. — La salle de classe de l'école de Saint-Léger ferme un carré de 12 mètres de chaque côté ; la porte d'entrée est placée en face d'un poêle système Leras, qui se trouve au milieu de la pièce. Les élèves, dont le nombre passe cent, sont séparées : les grandes à droite, les petites à gauche, et pour que ma surveillance s'exerce plus facilement, je reste près du poêle, sur lequel se trouvent les livres, les cahiers, les plumes qui me sont nécessaires pour l'enseignement. Le 17 janvier, la classe du matin avait commencé à 8 heures et demie environ, et je faisais une dictée aux grandes, lorsque je m'aperçus qu'Henriette Quénault et Victorine Hénault se querellaient au sujet d'un bon point. Je leur imposai silence, mais quelques minutes plus tard, la querelle recommença ; je les séparai en les plaçant aux deux extrémités de leur banc. Elles se rejoignirent et la querelle s'éleva pour la troisième fois. Je pris alors le parti de mettre entre elles la distance entière de la classe, et j'en plaçai une derrière moi.

Peu d'instants après, ces enfants trouvèrent le moyen de tromper ma surveillance, et celle qui était derrière moi, s'échappa et rejoignit sa compagne. Pour la quatrième fois, la querelle reprit et elles en vinrent aux coups. Voulant faire un exemple, je pris une des enfants. je l'élevai sur le poêle en lui disant : « Seras-tu sage ? » Sur sa réponse affirmative, je la descendis immédiatement du haut du poêle ; je pris l'autre que je plaçai également sur le poêle, en lui faisant la même question : « Seras-tu sage ? » L'enfant me fit la même réponse, et je lui dis comme à la première : « Vas à ta place. »

Pendant cet incident, deux ou trois minutes s'étaient à peine écoulées, et je n'avais pas abandonné, un instant, les enfants, qui ne sont restées sur le poêle que le temps de leur poser ma question et de recevoir leur réponse.

Jusqu'à la fin de la classe, les deux enfants ne poussèrent aucune plainte : rien ne se produisit pendant la récréation : rien pendant la classe du soir. Le lendemain était jour de congé, je n'entendis parler de rien. Le vendredi seulement, la femme Hénault vint se plaindre que sa fille avait reçu une brûlure ; quand la supérieure me prévint de l'accident arrivé à deux petites filles, je répondis que c'était impossible, que le poêle n'était pas assez chaud, et que les enfants n'y étaient restées que le temps de demander à chacune : « Seras-tu sage ? » et de les entendre me répondre : « Oui. ma tante. »

La femme Patru se plaignit aussi le vendredi. Elles revinrent le samedi, et je n'entendis parler de rien jusqu'au vendredi de la semaine suivante. C'est ce jour que M. le docteur Simon visita la petite Quénault. M. le Sous-Inspecteur des enfants assistés de la Seine vint, le samedi, et emmena Henriette Quénault.

Quelques jours s'écoulèrent. Un inspecteur de l'assistance publique arriva à Saint-Léger : il interrogea plusieurs personnes, et ne m'adressa aucun reproche. — Le 6 février la gendarmerie fit une enquête et fit subir un interrogatoire à l'enfant, qui était à Beauvillers. — M. l'Inspecteur primaire fit également une enquête, à la suite de laquelle il dit aux élèves de l'école : « Il n'y a là qu'une calomnie, et c'est à vous, mes enfants, à démentir cette calomnie qui attaque votre maîtresse. »

Le 25 février, je recevais ma révocation.

D. — Avez-vous recommandé à Henriette Quénault de dire qu'elle s'était brûlée sur une chaufferette ?

R. — Non, Monsieur.

D. — Vous avez eu connaissance de la brûlure, le vendredi par l'intermédiaire de la supérieure ?

R. — Oui.

D. — Une autre enfant a dit que vous l'aviez aussi brûlée ; mais, dans l'instruction, elle a reconnu qu'elle avait fait un mensonge.

Henriette Quénault

La *rôtie*, la *martyrisée*, âgée de huit ans, qui *avait déclaré
s'être brûlée sur une chaufferette* donne plusieurs reponses con-
tradictoires avec ses dépositions devant le juge d'instruction. M. le
Président se mettant à la portée de cette petite fille, obtient d'elle
qu'elle a été placée sur le poêle, que la sœur ne lui a pas
relevé les jupons, qu'elle n'a pas senti de douleur sur le moment,
que la sœur ne lui a point recommandé de dire qu'elle s'était brûlée
sur une chaufferette !...

L'auditoire en entendant un tel témoignage ne peut retenir un
murmure d'indignation contre les exploiteurs de cette *victime* !

Femme Patru

Manouvrière à Saint-Léger, 59 ans, nourricière de la petite Quénault, déclare qu'elle a remarqué, sur une plainte de l'enfant, une
tache noirâtre, rougeâtre, sur la cuisse gauche (elle est fort embar-
rassée du reste pour expliquer la teinte !) « sans *cloches*, » « un tout
petit peu » étendue « comme son petit doigt » fort petit du reste, car
la petite femme est d'une maigreur peu ordinaire ; que l'enfant
ayant mouillé ses draps dans la nuit, la plaie s'est envenimée et
qu'elle y a apposé un peu d'ouate imbibée d'huile, qu'elle n'a pas de
chaufferette, que l'enfant n'a pas cessé de suivre la classe et que la
supérieure, elle même, l'a fait demander le vendredi matin pour la
questionner sur l'origine de la blessure.

Interrogée si elle n'a pas reçu tout dernièrement la visite de quel-
qu'un qui lui promettait de lui faire ravoir, dans 24 heures, la
petite Henriette que l'administration des enfants assistés lui a retirée, elle répond qu'elle n'a pas été « sollitée » mais qu'elle a vu un
monsieur « grand. pas gros » elle ne sait pas s'il avait de la barbe,
qui lui avait parlé de dommages-intérêts (impression profonde dans
l'auditoire.)

Ah! çà, quel nouveau mystère, y aurait-il encore là dessous ? Pa-
tience, un tout petit instant.

Victorine Hénault

La seconde enfant *rôtie* !... cette petite fille, âgée de six ans, en
réponse aux questions qui lui sont posées, dit qu'elle se battait avec
Henriette, que la sœur l'a placée un instant sur le poêle, sans lui
relever les jupons, pour lui faire promettre d'être sage, qu'elle a
éprouvé du mal, qu'elle a vu « chez eux » un monsieur qu'elle ne
connait pas, qui l'a engagé à dire cela. (Dans l'instruction, l'enfant
avait affirmé n'avoir rien senti).

Il vous a dit de dire que ça vous avait fait mal ?

Il vous a promis de l'argent ? — Oui ! à maman et à moi aussi !...
(Indignation générale.)

Femme Hénault

Manouvrière, âgée de 39 ans, demeurant à Saint-Léger-Vauban, raconte qu'elle a entendu dire par des enfants, le soir à 4 heures, que Victorine avait été brûlée — elle n'en savait rien, — Victorine n'avait rien éprouvé.

Elle n'a pas à se plaindre de la sœur « très-bonne » pour ses enfants, « ça n'en consistait pas là peine. »

Elle a reçu la visite d'un Monsieur qui « a trouvé la petite fille très-gentille, » « qui n'a pas regardé les traces de brûlure, » qui lui a dit qu'elle pouvait réclamer contre la sœur des dommages-intérêts !...

On entend ensuite les dépositions successives de trois jeunes filles de 13 à 14 ans, Marie Poulain, Marie Valetat, Marie Brissard, trois Maries!... qui sont, à peu de chose près, unanimes à avouer que la sœur n'a fait que poser les enfants sur le poêle — qu'il y a eu avant des cris, mais ni cris, ni pleurs, ni gestes, ni plaintes, pendant — que la sœur est très bonne.

Sœur Marie-Magdeleine

Supérieure de l'école de Saint-Léger, 45 ans, expose qu'elle apprit le vendredi 19 janvier, par la femme Hénault, que la petite Quénault avait une brûlure, qu'elle fit appeler l'enfant alors en classe et lui demanda où elle s'était brûlée? — Chez elle, répondit-elle, sur une chaufferette à maman ! Elle fit mander aussitôt la femme Patru qui lui dit n'avoir pas de chaufferette. La sœur Saint-Léon, qui ignorait tout encore, fut très-surprise quand la supérieure lui parla de cette brûlure. Elle se rappella que le mercredi matin, elle avait élevé l'enfant sur le poêle; mais elle ne pouvait s'expliquer dans les conditions de chauffage, par une température très-douce, un tel accident.

Docteur Bert

Médecin à Avallon, 48 ans, dépose que le 8 mars, il fut appelé dans une enquête judiciaire à Saint-Léger avec ses deux confrères, les docteurs Royer et Simon. Ils constatèrent que Henriette Quénault portait à la partie moyenne et postérieure de la cuisse gauche, une rougeur de 0,10 c. de long sur 0,025 m. de large, en forme de croissant, qui disparaissait sous la pression. Il n'y avait ni douleur, ni tuméfaction, pas de trace de cicatrice. — Si l'on n'avait eu aucun renseignement antérieur, ajoute le docteur, il y aurait eu incertitude si cette rougeur était dûe à une brûlure !

Le degré ne dépassait pas le 2e, l'enfant n'a pas été alitée; — la brûlure n'a pas altéré l'organisme ; — il y avait des traces de furoncle autre part que sur la plaie.

M. le docteur Bert affirme que les brûlures des 1er et 2e degrés sont des plus douloureuses et qu'elles ne peuvent être supportées sans cris de souffrance ; — la douleur proportionnée à l'étendue de la brûlure doit durer au moins quelques heures ; — il ne peut comprendre qu'une enfant ainsi brûlée ne manifeste pas de douleur.

Les docteurs constatèrent sur la cuisse droite de la partie supérieure de la petite Hénault, une trace qu'il était impossible alors de savoir si elle provenait d'une brûlure. Si elle provenait d'une brûlure, c'était d'une brûlure du 2ᵉ degré qui provoque de vives douleurs, et il eut fallu une enfant héroïque pour la supporter sans crier !...

Quant à une *troisième rôtie*, il n'a constaté aucune trace de brûlure et croit que c'est tout simplement une invention.

Docteur Paul Royer

Médecin à Rouvray, âgé de 40 ans, affirme à peu près dans le même sens que M. le docteur Bert, mais avec plus de précision, que la trace constatée avec ses confrères sur la partie inférieure de la cuisse gauche de la petite Quénault, de 0,09 centimètres de long sur 0,025 millimètres de large, *peut* être la cicatrice d'une brûlure partie du 1ᵉʳ degré, partie du 2ᵉ degré.

Que dans l'hypothèse d'une telle brûlure, il aurait fallu que la peau fût en contact immédiat avec le poêle, qu'une douleur très-vive se serait manifestée, qu'il est impossible qu'elle n'arrachât pas des cris et que la souffrance n'eût pas une durée de une à deux heures.

Il ne croit pas que la trace de la seconde enfant soit produite par une brûlure sur le poêle.

Docteur Simon

Médecin à Quarré-les-Tombes, raconte quand, comment et pourquoi il a donné les dimensions du *pansement* et non de la *brûlure* dans cette pièce, qui a été si bien utilisée par le sous-préfet d'Avallon et qui a servi de base à tout l'échafaudage de cette fameuse affaire.

Nous passons donc outre.

Il est du reste à peu près d'accord avec ses confrères sur les constatations médico-légales qu'il a diagnostiquées avec eux dans l'enquête. Il insiste un peu trop, mais c'est que ce monsieur a son amour-propre en jeu — « ici, nous n'avons pas de question d'amour-propre », lui fait observer avec une finesse qui a son piquant et qui fait naître plus d'un sourire dans l'auditoire, l'honorable président du tribunal.

Ce monsieur convient, du reste, que la brûlure du 2ᵉ au 3° degré d'Henriette Quénault a dû occasionner « une douleur vive, aiguë, puissante », que « sans doute » l'enfant a dû crier, pleurer ; que la douleur à l'état aigu peut durer d'une demi-heure jusqu'à deux ou trois heures.

Petit, Inspecteur des enfants assistés

Chargé de l'arrondissement d'Avallon, âgé de 36 ans. M. l'inspecteur expose que dans une première visite à Saint-Léger il a appris des nourriciers mêmes qu'il n'y avait qu'une imprudence dans cet accident, qu'après avoir adressé son rapport, il a reçu, le 2 février, *une lettre avec signature illisible*, que le fait serait porté à la connaissance de la Chambre. Il a accompagné l'inspecteur général dans une seconde enquête — excellents renseignements sur la sœur qui est réputée *très-bonne*.

Maréchal, Inspecteur primaire

Quarante ans, en résidence à Avallon. Il a entendu dire, ce bon monsieur, que la sœur attisait le feu pendant que les enfants étaient sur le poêle ! ! ! Mais il paraît que cela a été démenti ! (Hilarité générale).

D'après son enquête, des élèves auraient dit que les petites *rôties* criaient avant, les autres pendant, deux ou trois après ! .. Quand M. le président lui demande qu'elles sont les manières habituelles de la sœur, il répond qu'elle « ne brutalise pas ! » qu'elle a déjà infligé cette punition!.. — Souvent? demande M. le président. — Une autre fois, mais c'était pendant l'*été* !!

Bourgeat, lieutenant de gendarmerie

M. Bourgeat dépose qu'à la réquisition du sous-préfet d'Avallon il a fait dresser un procès-verbal qui fait partie de l'instruction. Devant M. le juge d'instruction les élèves ont déclaré que la petite Quénault s'était débattue auprès du poêle.

Maulmont Sigismond, Sous-Préfet d'Avallon

Cinquante-un ans. M. Maulmont dépose qu'ayant appris qu'une enfant avait été brûlée dans l'école de Saint-Léger il a fait faire une enquête par la gendarmerie.

Interrogé par M. le président, comment il avait appris l'accident, M. Maulmont répond : « Par la voix publique. » Mais le parquet n'en savait rien ? reprend M. le président. Moi, je le savais, répond M. Maulmont, « je dois m'inquiéter de ce qui se passe dans les écoles. » — Nouvelle interrogation de M. le président pour savoir comment M. le sous-préfet avait appris l'accident. Même réponse : Je le savais par « la voix publique », je dois m'inquiéter de ce qui se... etc.

Veuillez vous asseoir, monsieur le sous-préfet.

Marchand, Notaire

La déposition de M. Marchand, notaire à Saint Léger-Vauban, maire révoqué de cette commune, âgé de 41 ans, est assurément des plus nettes et des plus intéressantes. C'est avec la plus scrupuleuse attention qu'on écoute jusqu'à la fin cet important exposé fait avec une lucidité remarquable, par un homme des plus honorables, qui jouit de l'estime générale et qui a été l'objet de regrettables sévérités administratives pour avoir pris la défense de la justice et de la vérité (on peut le dire bien haut maintenant) contre les allégations impudentes de la feuille radicale. Nos lecteurs connaissent par tout ce que nous avons publié sur cette affaire, les détails et l'ensemble de la déposition de l'honorable M. Marchand. Un détail inédit, croyons-nous. M. le sous-préfet n'avait demandé aucun renseignement à M. le maire de Saint-Léger Vauban ! Quand celui-ci eut l'honneur de lui faire une visite, il le trouva très-surexcité, essaya de détruire ses premières impressions et crut voir chez lui un parti-pris !...

La fin de la déposition de M. Marchand est plus inédite encore !! M. Marchand a vu, à deux reprises, il y a huit jours M. ALBERT GALLOT, propriétaire de l'*Yonne*, à Saint-Léger-Vauban !!! (Mouvement prolongé dans l'auditoire.) Le bruit a circulé dans la commune que M. Gallot a circonvenu la femme Hénault pour l'engager à se porter partie civile. La mère Patru a affirmé ces excitations de son côté. (Nouvelle indignation.)

Un joli *lapsus linguæ* échappé à M. le président : « Veuillez vous asseoir, monsieur le *maire*!..... *Errare humanum est*!.....

Albert Gallot

Imprimeur à Auxerre, interrogé sur l'origine des renseignements qui ont été publiés par l'*Yonne*, répond qu'il n'est pas rédacteur, qu'il n'est pas gérant, qu'il est simple propriétaire de cette feuille, qu'il ignore les correspondances.

Interrogé sur la provenance des dessins qu'il a publiés avec un en-tête adressé au préfet de la Seine et aux sacristains, etc., il renouvelle sa réponse qu'il est tout disposé à ne pas varier.

M. le président aborde alors une autre question.

— Est-il vrai que vous ayez rendu visite à la femme Patru ?

— Oui, monsieur le président.

— Que vous lui avez proposé de lui rendre son enfant avant vingt-quatre heures ? (Hilarité générale.)

— Femme Patru, reconnaissez-vous ce monsieur ?

— Oui, Monsieur, c'est bien lui.

— Vous alliez donc à Saint-Léger pour relever les brûlures ?

— Non, j'étais à Saint-Léger pour mes affaires ; j'ai voulu savoir si les brûlures subsistaient.

— Vous engagiez à demander des dommages-intérêts ; vous vous êtes chargé de fixer le chiffre, paraît-il, à 3.000 francs ?

— J'ai dit qu'on pouvait demander des dommages-intérêts et j'ai pu parler, dans la conversation, de 1,000 ou 2,000 comme de 3,000!.....

— Vous reconnaissez-vous l'auteur du *fac-simile* publié dans l'*Yonne* ? (Mouvement d'indignation dans l'auditoire.)

L'audition des témoins est terminée : nous avons fait tous nos efforts pour résumer aussi succinctement que fidèlement les dépositions. On nous pardonnera les inexactitudes qui se seraient glissées involontairement dans un travail aussi ingrat.

M. le président suspend l'audience, à la satisfaction générale, pendant dix minutes.

RÉQUISITOIRE

A trois heures moins un quart, M. le procureur de la République commence son réquisitoire.

Le récit des faits est exposé par M. Geoffret avec une grande clarté et réduit à ses proportions exactes.

1° La sœur Saint-Léon a-t-elle voulu infliger une punition en plaçant sur le poêle les deux petites filles ? La souffrance physique a-t-elle été la peine visée ?

— Non, répond M. le Procureur. Aucun témoin n'a osé le soutenir. Le parquet ne le soutient pas plus.

2° La brûlure a-t-elle eu lieu sur le poêle ou autour.

— Sur le poêle, répond M. le Procureur, la marque des ornements semble le prouver d'après les traces constatées sur la seconde enfant, bien qu'elles n'en valent pas la peine.

3° Quelle gravité fixer aux brûlures ? — Deux médecins sont d'accord pour fixer à l'une le 1er degré, à l'autre un caractère du 1er au 2e degré, dans la classification de six degrés.

Quant au docteur Simon, il avait avoué qu'il s'était trompé involontairement ; il semble revenir ; il a été relevé ; il craint qu'on doute de sa bonne foi ; sentiment exagéré d'amour-propre qui le porte à rétablir le 3e degré qu'il avait rétracté.

4° Les enfants ont-ils été gravement brûlés ? ont-ils souffert ? l'une ne s'en est pas aperçue ; l'autre a une plaie ; a peu souffert : ne s'est pas plainte ; elle a été brûlée.

La prévention reproche donc à l'institutrice d'avoir placé l'enfant sur un poêle allumé et d'avoir commis une imprudence qui aurait été aggravée par des égratignures à la suite de démangeaison et par la malpropreté.

M. le procureur demande donc que la sœur Saint-Léon soit condamnée pour avoir par maladresse causé une blessure.

Vous me demanderez, ajoute M. le Procureur, pourquoi exercer des poursuites pour cette blessure par imprudence quand vous pourriez nous signaler une foule de cas plus graves que nous n'avons pas cru devoir poursuivre, par exemple, celui d'un père qui a imprudemment causé la mort de son enfant ? D'abord vous excéderiez vos pouvoirs. Nous avons le droit de poursuivre dans tous ces cas ; l'application nous concerne. Ainsi, si nous n'avons pas poursuivi le père, c'est que nous croyions que les résultats de son imprudence étaient la plus terrible des répressions qu'il eut été inhumain d'aggraver par une nouvelle peine.

Du reste, la poursuite contre la sœur Saint-Léon a été dictée hiérarchiquement, vous le savez.

Dans quelles limites formuler la condamnation de sœur Saint-Léon ? Il y a en sa faveur d'excellents témoignages ; vingt ans de service ; la pétition adressée par les habitants à l'autorité compétente ; la légèreté de la blessure ; la répression infligée à l'institutrice par l'autorité administrative.

Vous accorderez donc les circonstances atténuantes ; mais je requiers formellement l'application de la loi.

Après ce réquisitoire que nous avons essayé de résumer aussi exactement que possible, la parole est donnée au défenseur.

PLAIDOYER DE LA DÉFENSE

Il nous serait impossible de reproduire le magnifique plaidoyer de Mᵉ Rémacle, l'éminent avocat du barreau d'Auxerre, qui a dissipé les ténèbres accumulées autour de cette affaire de rien ! de rien ! et qui a su faire ressortir la vérité par un éclatant triomphe.

Rarement notre avocat auxerrois, dont le talent grandit chaque jour, avait déployé plus de vigueur pour flétrir de coupables manœuvres, pour démasquer les calomniateurs, plus d'habileté pour anéantir complétement les malsaines impressions que pendant deux mois on avait essayé d'infiltrer dans l'opinion publique.

Mᵉ Rémacle a compris qu'il avait là une importante et noble mission à remplir ; il savait que sa parole ardente, convaincue, aurait pour effet de relever l'honneur d'une femme, d'une religieuse, que toute la presse radicale bafoue sans vergogne. de faire éclater son innocence dans un fait odieusement dénaturé, plus odieusement encore exploité ; aussi il a su trouver des accents qui ont troublé plus d'une fois l'âme de son auditoire.

Nous devons à cet éloquent défenseur d'une cause qui intéressait la France catholique tout entière, grâce à l'exploitation ridicule qui en avait été faite, l'hommage de notre profonde gratitude.

Que Mᵉ Rémacle nous pardonne de résumer à grands traits, en faisant appel à nos souvenirs et à nos impressions toutes vivaces encore, sa victorieuse réfutation.

C'est sous le sentiment de l'indignation que l'avocat a pris la parole. Cette indignation, dont les tristes révélations des débats avaient rempli l'auditoire, débordait de tous les cœurs.

Aussi, à peine avait-il manifesté son étonnement des conclusions du réquisitoire, que le défenseur s'est demandé de quel droit M. Gallot, propriétaire du journal l'*Yonne*, venait se poser dans cette affaire « en magistrat instructeur d'une nouvelle sorte. »

« J'étais loin de m'attendre, en venant ici, s'est-il écrié, à des actes de cette nature. On connaît l'individu de longue date ; mais ceci dépasse la mesure. »

Et nous avons dû savourer encore une fois cette lecture du premier article de l'*Yonne*, dont l'inspirateur n'a pas encore osé lever le front ; le défenseur accentuait chaque fragment, et l'on sentait l'indignation de l'auditoire monter insensiblement. Nous avons aperçu en ce moment la bonne sœur Saint-Léon et sa supérieure ; les larmes sillonnaient leurs visages ; dignes et saintes femmes ! elles murmuraient peut-être tristement, du fond de leur cœur brisé, un mot de pardon pour l'infâme qui les transformait en bourreau !

Le défenseur a qualifié l'article par ces deux mots : Quelle perfidie ! Quelle hypocrisie ! Et c'était assez.

Puis est venu le second article de l'*Yonne* dans lequel elle répond aux protestations indignées de la *Bourgogne* et du *Nouvelliste*, en nous jetant à la face, dans une phraséologie plus ou moins grossière, les insultantes épithètes d'imposteurs, de menteurs, de tartuffes et ce suprême défi : « *On vous attend* ! »

Eh bien ! nous voici ! Le tribunal a pu entendre cette flétrissure : « M. Gallot avait menti encore une fois ! — On ne les compte plus chez lui les mensonges ! »

Continuant l'historique de l'affaire, le défenseur a rappelé l'interpellation de M. Raspail. Il s'est souvenu qu'un membre de la Chambre, M. Lepère, son ancien confrère du barreau d'Auxerre « si fervent autrefois, si dévot, pour qui, dans les banquets de confraternité qui les réunissaient le jeudi soir, à partir de minuit, le jeudi devenant un vendredi, il n'était plus permis de faire gras, » avait appuyé cette interpellation par ce cri : « Il y a un certificat de médecin ! »

« Espérons, s'est écrié l'orateur, que M. Lepère, vice-président de la Chambre, trompé dans cette affaire, se souviendra de la vérité, et dira à la Chambre : CECI EST UNE INFAMIE ! Je crois bien qu'il le fera ; il ne peut pas ne pas le faire. »

Et puis arrive le Conseil général de la Seine, avec l'article de l'*Yonne* du 10 avril, l'article à sensation, agrémenté d'images !... Vous savez, ces *fac-simile* éblouissants, chose inconnue dans les fastes de la presse française, dont M. Gallot n'a pu indiquer la provenance à M. le président du tribunal !...

Vous savez ce *fac-simile* « dédié à M. le préfet de la Seine, et aussi à MM. les curés, desservants, sacristains, etc., etc., à saint Ordre Moral, aux doux anges de la faction bonapartiste, à toutes ces âmes candides et pures qui ne peuvent croire à la perversité humaine, aux braves et honnêtes gens, qui, faute de renseignements, par bonté de cœur et d'esprit de charité nous traitent de menteurs, d'imposteurs, de calomniateurs, etc., etc., uniquement pour l'amour de Dieu et la protection des petits enfants. »

Et cette terminaison : « C'est égal : c'est tout de même dur à convaincre des jésuites ! mais, cette fois, espérons-le, ça y est ! »

« Ah ! Monsieur Gallot, ça y est, riposte le défenseur, vous croyez qu'on n'est point las de vos calomnies et de vos injures ? Ah ! ça y est ! Eh bien ! vous allez être poursuivi peut-être pour subornation de témoins, poursuivi pour diffamation. » Ça y est !

« Je ne suis pas gérant, je suis simplement propriétaire », répondez-vous piteusement.

« C'est lâche et peu démocratique. Vous payez un homme que vous louez et payez à tant l'année, c'est brave ?

« Quand l'*Yonne* insulte l'armée, on ne va pas toujours chercher le gérant responsable ! »

Et rappelant toutes les condamnations infligées à l'*Yonne*, « quelle compensation obtient M. Gallot en retour ? se demande l'avocat, les gens de son parti se servent de lui comme d'un instrument utile, compromettant... »

Tous les régimes ont été encensés à tour de rôle par l'*Yonne* qui,

« si l'on juge de l'avenir par le passé, » redeviendra cléricale et tou
ce que l'on voudra, en sorte qu'on pourrait ajouter à la fameuse
enseigne : *A la Bible-d'Or* :

AU DERNIER ET PLUS OFFRANT ENCHÉRISSEUR,

BOITE A VENDRE OU A LOUER AVEC TOUTE LA BOUTIQUE

ET TOUT LE PERSONNEL PRÉSENT ET PASSÉ !...

Si le tableau n'est pas flatteur, il a du moins le mérite d'être
fidèle !...

Et en face de cet adversaire, comme l'on peut se donner le plaisir
de placer le casier judiciaire de la sœur Saint-Léon avec ses vingt
ans de travail et de dévouement !

« Le casier judiciaire d'une religieuse ! Oh ! s'est écrié Me Rémacle, dans un magnifique mouvement d'éloquence, nul ne respecte
plus que moi la religieuse, et je suis trop fier d'être honoré d'une si
belle défense ! » Et après avoir tracé un émouvant tableau de la vie
de ces femmes qui joignent à toutes les vertus chrétiennes les plus
belles vertus sociales, « je voudrais bien qu'on tente d'insulter dans
la rue, et devant moi, une femme, une religieuse ! » a-t-il dit, avec
une expression dans le regard plus éloquente que ses paroles !

« Comme il fait bon parler dans l'enceinte de la justice ! Comme on
y respire à l'aise dans cette atmosphère si calme, si pure. » Le défenseur ne s'y trompait pas : sous le souffle vivifiant de son ardente
parole, on se sentait à l'aise, on s'élevait au-dessus des bassesses, des
turpitudes des passions radicales.

On pouvait suivre avec satisfaction la justification de l'innocence.
le triomphe de la vérité que le défenseur a su faire éclater avec une
démonstration aussi briève que saisissante.

Laissant donc de côté *le bourreau* (la sœur Saint-Léon !) le défenseur s'est emparé des *victimes*. Il est entré dans la discussion des
faits, et, s'appuyant sur les déclarations des docteurs Bert et Royer,
a fait ressortir avec assez d'insistance pour avoir été parfaitement
compris la fausseté de la première affirmation du docteur Simon,
d'une BRULURE de 15 à 20 centimètres de long sur 10 à 12 centimètres de large, du 2e et 3e degré, d'une BRULURE et non d'une
CROUTE, comme il l'a dit plus tard ; il lui a fait sentir la légèreté de
cette affirmation positive, cause de *tout le mal qui a été fait ;* l'a
félicité d'avoir, lui, témoin dans une affaire, adressé à l'*Yonne* des
détails, à la veille des débats, et à quel journal !... et enfin l'a
complimenté sur la nomination de membre des inspecteurs des phar-
macies, etc. .. de l'arrondissement, qu'il venait de recevoir de l'administration préfectorale. On ne vous révoque pas, vous, lui a-t-il
dit, faisant allusion à sa situation de médecin des enfants assistés,
on vous encourage ! Heureux docteur ! La vie est pour lui un chemin
de roses et sans épines. Puisse le souhait d'acquérir un peu plus
d'expérience, que lui a offert Me Rémacle, en terminant, lui porter
bonheur !

Après avoir démontré juridiquement que la brûlure imputée à
l'imprudence de la sœur Saint-Léon, dénuée complétement de

preuves, n'offrant pas même aux parties civiles matière à réclamer des dommages-intérêts ne pouvait pas tomber sous le coup des lois pénales, l'éloquent défenseur a exprimé à M Maulmont le désir et manifesté l'espérance que M. le Sous-Préfet ayant contribué largement à faire retomber sur la tête de la sœur Saint-Léon les sévérités administratives, s'empresserait, après la démonstration de l'innocence de l'institutrice de demander à ses supérieurs hiérarchiques, sa réhabilitation afin qu'elle fût rendue à l'amour de ses enfants et à l'affection des habitants de Saint-Léger qui la réclament.

Inutile de dire que tous les cœurs honnêtes, après l'arrêt du tribunal, bénissaient cette noble magistrature qui, fidèle à ses grandes traditions d'impartialité et d'honneur, demeure le plus ferme rempart des droits et des libertés sociales !

Et maintenant aux calomniateurs ! « *On vous attend!....* »

E. ROBERT.

Et maintenant que le Tribunal d'Avallon a prononcé le jugement reproduit plus haut, maintenant que son verdict a réduit à leur juste valeur les calomnies odieuses accumulées autour de cette affaire, je considère mon devoir d'honnête homme comme accompli.

Je m'arrêterai donc ici, laissant a la justice le soin de réparer par ses arrêts équitables, le mal qui a été fait, à l'administration celui d'effacer, par des actes de haute impartialité, les pénibles impressions qui ont pu être produites par sa précipitation qu'expliquent sans la justifier toutefois, des renseignements erronés, à l'opinion publique enfin le droit de déduire de cette affaire les conclusions légitimes qui en découlent.

Je le répète, en terminant, c'était un devoir pour moi, imposé par ma conscience, dicté par l'intérêt de la justice de fournir ces loyales et franches explications à tous ceux qui aiment et respectent ce qui ne devrait jamais être voilé : la vérité !

D. MARCHAND.

Saint-Léger-Vauban, 10 mai 1877.

Auxerre. imp. La Bourgogne. E ROBERT rue de Paris. 127.